Naoto Kan
Als Premierminister während der Fukushima-Krise

W0058248

Naoto Kan

Als Premierminister
während der Fukushima-Krise

Aus dem Japanischen
von Frank Rövekamp

iudicium

**Bibliografische Information
der Deutschen Nationalbibliothek**

Die Deutsche Nationalbibliothek verzeichnet diese Publikation
in der Deutschen Nationalbibliografie;
detaillierte bibliografische Daten sind im Internet über
http://dnb.d-nb.de abrufbar.

ISBN 978-3-86205-426-8

© IUDICIUM Verlag GmbH München 2015
Alle Rechte vorbehalten
Druck: ROSCH-BUCH Druckerei GmbH, Scheßlitz
Umschlaggestaltung: Eveline Gramer-Weichelt, Planegg
Printed in Germany
www.iudicium.de

Vorwort zur Originalausgabe 2012

Meine Amtszeit als Premierminister erstreckte sich vom 8. Juni 2010 bis zum 2. September 2011 und dauerte damit 452 Tage. Natürlich waren die größten Ereignisse in dieser Zeit das Tōhoku Erdbeben und der dadurch verursachte TEPCO-Fukushima Atomunfall. Nach meinem Rücktritt bin ich zu der Überzeugung gelangt, dass ich, als der Premierminister, der mit diesem Atomunglück konfrontiert worden war, dazu in irgendeiner Form meine Erinnerungen dokumentieren muss.

Seit meinem Rücktritt als Premierminister ist über ein Jahr vergangen. Inzwischen sind verschiedene Untersuchungsberichte zum Unfall, wie etwa der der Regierungskommission, erschienen. Ich habe daher zur Feder gegriffen, bevor die Erinnerung verblasst.

Es ist meine Absicht, die mir bekannten Fakten so genau wie möglich darzulegen. Aber ich möchte nicht nur einfach die Fakten nachzeichnen; ich möchte auch unter Erinnerung der Geschehnisse darüber berichten, was ich als Premierminister während des Atomunglücks gedacht habe, wie ich zu Entscheidungen gelangt bin und von welchen Gefühlen meine Handlungen begleitet wurden.

Die Aktionen und die Arbeit eines Politikers zu beurteilen, ist nicht die Sache des Politikers selbst. Ich habe unter völliger Aufgabe meiner selbst gehandelt, aber es ist mir nicht gegeben, das selbst zu bewerten. Die Bewertung der Taten eines Politikers muss letztendlich der Geschichte überlassen werden.

Naoto Kan

Vorwort zur deutschen Ausgabe 2015

Seit dem Atomunfall von Fukushima sind vier Jahre vergangen. Ich bin seither Einladungen aus aller Welt gefolgt, um über dieses Ereignis zu berichten. Eine davon war im Rahmen einer öffentlichen Anhörung des Ausschusses Umwelt, Naturschutz und Reaktorsicherheit des Deutschen Bundestages 2014. Dort hatte ich die Gelegenheit, über den Fukushima Atomunfall und seine Konsequenzen aus der Sicht des an vorderster Front stehenden damaligen Premierministers auszusagen.

Ich freue mich sehr darüber, dass mein Buch zu diesem Thema nun in deutscher Übersetzung vorliegt und die deutschsprachige Leserschaft damit die Möglichkeit erhält, die ganze Wahrheit über den Fukushima Atomunfall zu erfahren, wie ich ihn als Premierminister erlebt habe.

Japan wurde als moderner Staat 1868 wiedergeboren, etwa gleichzeitig mit der Gründung des Deutschen Reiches. Schon vorher, 1861, wurde der Freundschafts-, Handels- und Schifffahrtsvertrag zwischen Preußen und Japan abgeschlossen. Das markierte den Beginn der inzwischen über 150 Jahre andauernden diplomatischen Beziehungen zwischen Japan und Deutschland.

Aber es sind nicht allein die politisch-diplomatischen Beziehungen, die eine lange Geschichte haben. Japan hat viel von Deutschland gelernt. So bildete die deutsche Verfassung eine wichtige Vorlage für die in der Modernisierungsphase Japans verkündete Meiji-Verfassung. Weiter war Deutschland in der Medizin und auf anderen wissenschaftlich-technischen Gebieten ein wichtiger Lehrmeister.

Auch ich persönlich verbinde manche Erinnerung mit Deutschland. In jungen Jahren habe ich an der Universität Physik studiert. Auf diese Weise bin ich mit der Relativitätstheorie des in Deutschland geboren Physikers Einstein und der Unschärferelation von Heisenberg, einem der Fundamente der Quantenmechanik, in Berührung gekommen. Ich habe dann nicht den Weg des Wissenschaftlers, sondern den des Politikers gewählt, aber bis heute sind Einstein und Heisenberg die von mir am meisten respektierten Physiker.

Nachdem ich Parlamentarier geworden war, habe ich als Angehöriger der Opposition eine Studienreise zum Thema Städteplanung nach Deutschland unternommen und, darauf basierend, eine Novelle des Stadtplanungsgesetzes ins Parlament eingebracht. Weiter habe ich 1996, während meiner Zeit als Gesundheitsminister, im Zusammenhang mit der Einführung eines Pflegeversicherungssystems in Japan das im Bereich der Pflege fortgeschrittene Deutschland besucht; ein Jahr später dann konnten wir ein entsprechendes System in Japan auf den Weg bringen. Auf diese Weise ist Deutschland eines der Länder, zu dem ich persönlich eine besondere Nähe verspüre.

Nach dem Tōhoku Erdbeben vom 11. März 2011 haben wir von der deutschen Bevölkerung vielfältige Hilfe und Unterstützung erfahren; als damaliger Premierminister Japans möchte ich dafür erneut meinen Dank aussprechen.

Es ist mir nachhaltig in Erinnerung geblieben, dass Deutschland das erste Land gewesen ist, das den gleichzeitig mit der Erdbebenkatastrophe aufgetretenen Fukushima Atomunfall zum Anlass genommen hat, die Atomkraft erneut auf den Prüfstand zu stellen. Unmittelbar nach dem Unfall wurde auf Initiative von Bundeskanzlerin Merkel eine Ethikkommission für eine sichere Energieversorgung eingesetzt. Ich war erstaunt darüber, dass die Regierung Merkel dann nach kurzer Zeit entschieden hat, bis zum Jahr 2022 vollständig aus der Kernenergie auszusteigen. Wie war es möglich, eine solche Entscheidung so kurzfristig herbeizuführen? Experten haben mich darüber aufgeklärt, dass dies reflektiert, wie ernst die Tatsache genommen wurde, dass sich ein schwerer Atomunfall in einem technisch fortgeschrittenen Land wie Japan ereignet hatte. Die schnelle Entscheidung war weiter darauf zurückzuführen, dass in Deutschland schon seit dem Unfall von Tschernobyl eine entsprechende Diskussion geführt wurde.

Ich habe mit Bundeskanzlerin Merkel an einigen internationalen Konferenzen teilgenommen und dabei den Eindruck gewonnen, dass sie als Politikerin mit naturwissenschaftlichem Hintergrund sowohl eine rationale als auch eine ethische Sicht auf die Dinge hat. Wie eingangs gesagt, hatte ich auch Physik studiert, und bis heute ist meine Denkweise von der Tatsache geprägt, dass Wissenschaft und Technik zum Glück der Menschen beitragen können, aber auch das Potential haben, Unglück für diese herbeizuführen. Symbolisch für das Letztere sind die Erfahrungen meines Landes mit den Tragödien von Hiroshima und Nagasaki.

Was die Kernenergie betrifft, so stand ich bis zum Atomunglück von Fukushima in dem Glauben, dass ein großer Unfall nicht passieren könne, wenn nur hinreichend auf die Sicherheit geachtet würde.

Aber die Erfahrung mit dem Fukushima Atomunfall hat meine Einstellung um 180 Grad gedreht. Mir ist bewusst geworden, dass die Kernenergie nicht vollständig vom Menschen kontrolliert werden kann. Die sicherste Energiepolitik ist daher der Verzicht auf die Atomkraft und die Hinwendung zu den erneuerbaren Energien. Ich bin damit zu der gleichen Schlussfolgerung gelangt wie die Deutschen.

Auch vier Jahre nach dem Atomunglück wird in Japan die Diskussion um die Kernenergie fortgesetzt, und ein abschließendes Ergebnis ist nicht in Sicht. Viele Menschen wünschen sich einen Atomausstieg, aber die Wirtschaft und die wieder regierende Liberaldemokratische Partei (LDP) setzen weiter auf die Kernkraft. Diese Situation möchte ich im Nachwort zu diesem Buch noch einmal genauer beleuchten.

Die Debatte in Japan wird fortgeführt, aber persönlich bin ich zu der Überzeugung gelangt, dass in Japan wie in Deutschland der Ausstieg aus der Atomenergie herbeigeführt werden muss. In diese Richtung möchte ich alle Anstrengungen unternehmen. Das ist meine Bestimmung als derjenige Mensch, der während des Atomunglücks von Fukushima als Premierminister gedient hat.

Zum Schluss möchte ich noch Herrn Professor Frank Rövekamp vom Ostasieninstitut der Hochschule Ludwigshafen meinen Dank aussprechen. Nach der Lektüre des Originals ergriff Professor Rövekamp die Initiative für die deutsche Übersetzung des Buches und nahm entsprechende Gespräche mit Verlagen auf. Während seiner Japanaufenthalte habe ich ihn einige Male zwecks Gedankenaustauschs zu den Verhältnissen in Japan und Deutschland getroffen und diese Diskussionen als sehr anregend empfunden. Es ist Professor Rövekamp zu verdanken, dass die Übersetzung dieses Buch auf Deutsch erfolgt ist. So freue ich mich, meine Erfahrungen während des Atomunfalls mit der deutschsprachigen Leserschaft teilen zu können.

Naoto Kan

Inhaltsverzeichnis

11

Atomkraftwerk Fukushima Daiichi

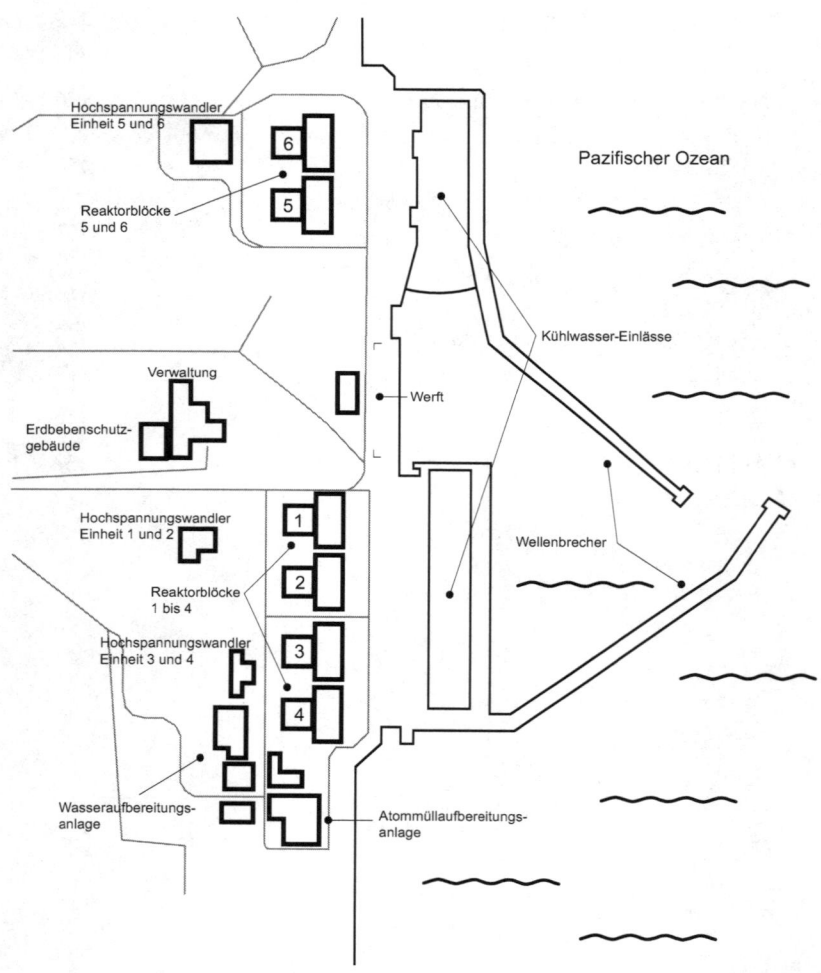

Hochspannungswandler
Einheit 5 und 6

Reaktorblöcke
5 und 6

Pazifischer Ozean

Kühlwasser-Einlässe

Verwaltung

Erdbebenschutz-
gebäude

Werft

Hochspannungswandler
Einheit 1 und 2

Reaktorblöcke
1 bis 4

Wellenbrecher

Hochspannungswandler
Einheit 3 und 4

Wasseraufbereitungs-
anlage

Atommüllaufbereitungs-
anlage

Prolog
Auf alles gefasst

Auch wenn seit dem großen Erdbeben und dem Atomunfall bereits eineinhalb Jahre vergangen sind, sind mir die Bilder der ernsten Lage der ersten Woche sehr präsent. Die ganze Woche nach dem Erdbeben am 11. März 2011 habe ich im Premierministeramt übernachtet. Wenn ich allein war, habe ich in voller Notfallkleidung das Sofa meines Empfangszimmers für einen kurzen Schlaf genutzt. „Schlaf" heißt dabei allerdings, dass ich mich lediglich etwas zum Ausruhen hingelegt habe. Der Kopf war hellwach. Wie bekämpfen wir die Folgen von Erdbeben und Tsunami? Welche Ausmaße wird der Atomunfall annehmen, und wie kann man ihn stoppen? Darüber habe ich mir unablässig das Hirn zermartert. Ich kann mich nicht daran erinnern, auch nur einmal fest geschlafen zu haben.

Das Atomunglück von Tschernobyl und der JCO Kritikalitätsstörfall in Tōkaimura

Was Erdbeben betrifft, so war meine Erinnerung an die Katastrophe in Kōbe im Jahr 1995 noch frisch; eingedenk der kritischen Bedeutung sofortiger Maßnahmen habe ich daher sogleich das Militär, die Selbstverteidigungsstreitkräfte, auf den Weg geschickt.

Mit einem Atomunfall wurde ich natürlich erstmals konfrontiert. Die Schrecken eines Atomunglücks hatte ich einigermaßen verstanden, nachdem ich einige Zeit nach dem Unfall von Tschernobyl die Untersuchungsberichte gelesen hatte. Aber so etwas würde ja wohl niemals in Japan passieren, dachte ich.

Das Atomunglück von Tschernobyl in der früheren Sowjetunion nahm seinen Ausgang in einem Reaktor alter Bauart, einem sogenannten Graphitreaktor, der in Japan nicht verwendet wird. Ein Bedienungsfehler reihte sich an den anderen, die Kernreaktion wurde unkontrollierbar und es kam zur Explosion, durch die große Mengen an radioaktivem Material freigesetzt wurden. Ich hatte es damals so verstanden, dass die Ursache des Unglücks der veraltete Reaktor und das unzureichende technische Niveau der Sowjetunion waren. Japan dagegen verfügte über Atomtechnik von Weltklasse und über hervorragende Ingenieure. Niemals könnte sich in Japan ein Atomunfall wie in Tschernobyl ereignen. Das glaubte ich.

Ich wurde jedoch bis zum Abwinken daran erinnert, dass es sich hierbei um einen vom Atomdorf* fabrizierten Sicherheitsmythos handelte.

Der bisher größte japanische Nuklearunfall war der JCO (Japan Nuclear Fuel Conversion Company) Kritikalitätsstörfall im Jahre 1999 in Tōkaimura. Dieser hatte seine Ursache im schlampigen Management des Kernbrennstoff verarbeitenden Unternehmens. Zwei Arbeiter kamen dabei durch Verstrahlung ums Leben.

Ich war damals sehr interessiert an der Sache und habe mich eingehend damit befasst. Es war ein auf menschliches Versagen zurückzuführender Störfall, und ich sah keine Verbindung zu einem großen Nuklearunfall. Wenn ich jedoch heute darüber nachdenke, so ist es nur natürlich, dass Menschen Fehler begehen, und unter dieser Voraussetzung müssen Maßnahmen gegen Atomunfälle geplant werden. Ich bereue es, diese Lehre damals nicht gezogen zu haben.

Das Atomunglück von Fukushima

Ich habe, wie gesagt, an der Technischen Hochschule Tokio angewandte Physik studiert. Die Grundprinzipien der Kernkraft sind mir auf Basis meiner damaligen Studien in etwa bekannt, aber ich habe nie einen Kernreaktor konstruiert, und ich bin auch kein Kernkraftexperte. Im Vergleich zu Politikern mit geisteswissenschaftlichem Hintergrund liegt mir das Thema jedoch näher, was sich bei der Erfassung der Lage während des Atomunglücks als hilfreich erwies.

Unmittelbar nach dem Erdbeben kam der Bericht herein, dass im Atomkraftwerk Fukushima die Notabschaltung einwandfrei funktioniert hatte und damit die Anlage abgeschaltet sei. Ich erinnere mich noch daran, aufgeatmet zu haben, nachdem ich das gehört hatte. Anschließend erreichte mich jedoch der Bericht, dass die Tsunami einen totalen Stromausfall verursacht hatte, der einen Ausfall der Kühlsysteme nach sich zog. Es verschlug mir den Atem. Denn ich wusste, dass es auch nach Abschaltung der Atomanlage zu einer Kernschmelze führen würde, wenn die Kühlung nicht aufrechtzuerhalten war.

---

* „Atomdorf" umschreibt die enge Verbindung von Atomindustrie, Politik, Medien und anderen Stakeholdern in Japan (A.d.Ü.)

Bis zu dem Unglück hatte ich das Atomkraftwerk in Fukushima noch nicht besucht. Sofort nach dem Unfall veranlasste ich meinen Stabsleiter, die Fakten zusammenzustellen: Das Kernkraftwerk Fukushima Daiichi verfügte über sechs Kernreaktoren und sieben Abklingbecken für abgebrannte Brennelemente, während sich im davon zwölf Kilometer entfernten Kernkraftwerk Fukushima Daini vier Kernreaktoren und vier Abklingbecken befanden. Die elektrische Leistung der sechs Reaktoren von Daiichi belief sich auf 4.696 MW und die der vier Reaktoren von Werk Daini auf 4.400 MW, insgesamt also 9.096 MW. Das war die 2,4fache Leistung der vier Reaktoren des Atomkraftwerks Tschernobyl, die 3.800 MW betragen hatte. Verunglückt war jedoch nur der Reaktor 4 in Tschernobyl. Der in den Kernkraftwerken Fukushima Daiichi und Daini befindliche Kernbrennstoff, einschließlich der abgebrannten Brennelemente, betrug also das zehnfache von dem in Reaktor 4 in Tschernobyl.

Von neuem war ich erstaunt darüber, in welcher Konzentration TEPCO Atomkraftkapazitäten in der Präfektur Fukushima aufgebaut hatte. Was würde geschehen, wenn diese Atomkraft außer Kontrolle geriet? Wenn ich darüber nachdachte, lief es mir eiskalt den Rücken herunter. Und so sollte es kommen.

Der Atomunfall verschlimmert sich

Unmittelbar nach der Katastrophe vergrub sich Katastrophenschutzminister Matsumoto Ryū zur Bekämpfung der Folgen von Erdbeben und Tsunami im Krisenzentrum. Im engen Zusammenspiel mit Verteidigungsminister Kitazawa Toshimi und anderen Ministerkollegen begab er sich sofort an die Arbeit.

Welchen Verlauf das Atomunglück nehmen würde, war von niemandem vorhersehbar. Als Premierminister übernahm ich es, den Gesamtkrisenstab für die Naturkatastrophe und den Atomunfall einzurichten, wobei sich meine Aufmerksamkeit insbesondere auf die Entwicklung des letzten richtete.

Die Dinge im Kernkraftwerk wendeten sich zum Schlechten. Normalerweise sorgen große Diesel-Notstromgeneratoren für die Energieversorgung, wenn kein Strom mehr aus den Leitungen fließt. Die Tsunami hatte jedoch die Notstromaggregate zum Stillstand gebracht, so dass es einen völligen Stromausfall gab.

Auf Anforderung von TEPCO veranlasste ich sofort die Entsendung von Stromversorgungsfahrzeugen für die Notkühlungsaggregate. Weil jedoch u.a. die Stecker der ankommenden Wagen nicht passten, schlug diese Maßnahme fehl.

Erste Maßnahmen

Ich war äußerst irritiert darüber, dass die ersten Maßnahmen gegen das Atomunglück nicht richtig funktionierten. Im Rahmen der staatlichen administrativen Strukturen sollte eigentlich die Atomaufsichtsbehörde im Zentrum der Bekämpfung des Unfalls stehen. Von dieser Behörde kam jedoch während der ersten Aktivitäten weder ein Wort zur Erläuterung der aktuellen Lage noch zur Einschätzung der weiteren Entwicklung. Bisher hatte ich Erfahrungen als Gesundheits- und als Finanzminister. Die Beamten in beiden Ministerien waren Spezialisten auf ihren Gebieten. Diese erarbeiteten üblicherweise die Grundlagen und machten Vorschläge, bevor der Minister Anweisungen gab. Der Leiter der Atomaufsichtsbehörde jedoch, der als erstes zur Erklärung des Atomunfalls zur Stelle war, war kein Atomenergieexperte und konnte keine hinreichenden Erläuterungen geben. Auch anschließend kamen von dieser Seite keinerlei Vorschläge zum weiteren Vorgehen. Wohl oder übel veranlasste ich daher kurz nach dem Unglück, dass im Premierministeramt unter der Führung meines Assistenten und meines Stabsleiters eine Informationssammlungsstelle eingerichtet wurde.

Ein Atomreaktor brennt nicht aus

Auch wenn in einem Atomreaktor mittels Einführung der Kontrollstäbe die Kettenreaktion unterbrochen wird, emittiert der Kernbrennstoff weiter Wärme durch den Eigenzerfall. Falls daher die Kühlung aussetzt, verdampft das Wasser im Reaktor und der Behälter erhitzt sich, worauf alsbald die Kernschmelze einsetzt. Selbst im Falle einer Notabschaltung muss deshalb eine Kühlung gewährleistet bleiben. Das Atomkraftwerk Fukushima war jedoch mit einem totalen Stromausfall und damit mit einem Totalausfall der Kühlsysteme konfrontiert.

Wenn in einem konventionellen Wärmekraftwerk ein Unglück passiert und die Tanks Feuer fangen, ist irgendwann der Brennstoff aufgebraucht, und damit kommt die Sache zum Stillstand. Der Schaden mag natürlich gewaltig sein, bleibt aber örtlich und zeitlich begrenzt. Wenn es gefährlich wird, sollten die Mitarbeiter das Gelände verlassen. Selbst die Feuerwehr könnte sich zurückziehen, wenn man zu dem Schluss kommt, dass deren weiterer Einsatz sinnlos ist. Aber ein Nuklearunfall unterscheidet sich davon in grundlegender Weise. Wird ein außer Kontrolle geratener Kernreaktor sich selbst überlassen, verschlimmert sich die Sache mit fortlaufender Zeit immer weiter. Der Brennstoff brennt nicht aus, und es wird immer mehr radioaktives Material freigesetzt. Erschwerend kommt hinzu, dass sich die radioaktive Toxizität über lange Zeiträume erstreckt und nicht erlischt. Die Halbwertzeit von Plutonium beträgt 24.000 Jahre.

Wenn also einmal große Mengen an radioaktivem Material freigesetzt werden, können sich Menschen dem Unfallort nicht mehr nähern; auch wenn man dann den Unfall unter Kontrolle bringen möchte, erweist sich das als ein Ding der Unmöglichkeit. Sich vorläufig zurückzuziehen, die Kräfte zu sammeln, um dann die Unglücksbekämpfung wieder aufzunehmen, erschwert daher die Lage bedeutend.

Wie berichtet wurde, kam am vierten Tag nach dem Unfall irgendwann zwischen dem Abend des 14. und vor Morgengrauen des 15. das Gerücht auf, dass sich TEPCO vom Unfallort zurückziehen wolle. Das hätte nichts anderes als die Aufgabe von zehn Kernreaktoren und elf Abklingbecken bedeutet. Damit wäre die Frage nach dem Untergang Japans heraufbeschworen worden.

Das Worst-Case-Szenario

Die erste Woche nach dem Reaktorunglück war wie ein Alptraum. Der Unfall zog zusehends weitere Kreise.

Wie wir erst im Nachhinein verstanden haben, setzte im Reaktor 1 bereits am ersten Unfalltag, am 11. März gegen 20.00 Uhr, die Kernschmelze ein. Zu dem Zeitpunkt hieß es, der Brennstoff sei noch mit Wasser bedeckt, aber das lag daran, dass das Messgerät selbst nicht funktionierte. Am nächsten Tag, dem 12., ereignete sich nachmittags die Wasserstoffexplosion im Reaktorblock 1. Die Kernschmelze im Reaktor 3 setzte am 13. ein, und der 14. brachte dort die Wasserstoffexplosion. Am 15. um 6.00 Uhr dann, als ich mich gerade in der Zentrale von TEPCO befand, wurde über einen großen Knall am Reaktor 2 berichtet, und fast gleichzeitig ereignete sich die Wasserstoffexplosion im Reaktorblock 4.

Welchen Verlauf würde der Unfall im schlimmsten Falle nehmen können? Ich begann mir das „Worst-Case-Szenario" auszumalen.

Nach dem Unglück verfügten die USA, dass sich seine Staatsbürger aus einem Umkreis von 50 Meilen (80 Kilometer) um das Atomkraftwerk zurückziehen sollten. Die Botschaften vieler europäischer Länder begannen, ihre Botschaftsräume in Tokio zu schließen und nach Kansai[*] umzuziehen.

Wenn alle Kernreaktoren außer Kontrolle gerieten, würden in einem Zeitraum von wenigen Wochen bis wenigen Monaten alle diese Reaktoren sowie die Brennstäbe in allen Auffangbecken abschmelzen. Ungeheure Mengen an radioaktivem Material würden freigesetzt. In diesem Fall müsste ein großes Gebiet, das auch Tokio einschließt, evakuiert werden. Wie könnte in diesem Fall eine geordnete Umsiedlung der Menschen bewerkstelligt werden? Weiter musste man dabei auch an die Verlegung der staatlichen Institutionen einschließlich des Kaiserhauses denken.

Wenn ich in den ersten Tagen nach dem Unglück abends allein war, habe ich im Kopf immer wieder das Evakuierungsszenario durchgespielt. Aber bis zum Morgengrauen des 15., als die Sache mit dem Rückzug von TEPCO aufkam, habe ich mit niemanden darüber gesprochen. Denn die Angelegenheit war so brisant, dass selbst bei deren Fassung in Worte mit Vorsicht vorzugehen war.

Das Szenario des Vorsitzenden der Atomenergiekommission

Eine Woche nach meinem persönlichen „Worst-Case-Szenario", um den 22. März herum, beauftragte ich über meinen Assistenten Hosono Gōshi den Leiter der Atomenergiekommission, Kondō Shunsuke, ein wissenschaftliches Gutachten darüber zu verfassen, welchen Umfang im äußersten Falle, wenn alles zum Schlimmsten kommen sollte, eine Evakuierungszone haben müsste. Zu dieser Zeit schienen sich – dank der durch die Arbeiter, die Selbstverteidigungsstreitkräfte und die Feuerwehr mit vereinten Kräften durchgeführten äußersten Anstrengungen zur Flutung der Anlagen – Wege aus der schlimmsten Krisensituation abzuzeichnen.

Von den Medien wird dies als „das vom Premierministeramt erstellte Worst-Case-Szenario" bezeichnet. Das Dokument wurde

---

[*] Die Gegend mit den Städten Osaka, Kioto, und Kōbe in Westjapan, ca. 500 km von Tokio entfernt (A.d.Ü.)

am 25. März von Kondō geliefert und trägt den Titel „Grobe Szenarien zu unvorhergesehenen Situationen in der Atomanlage Fukushima Daiichi". Es handelt sich dabei um eine äußerst technische Abhandlung unter Zugrundelegung von Worst-Case-Annahmen. Darin heißt es: Unter der Annahme, dass durch eine Wasserstoffexplosion im Reaktor 1 der Sicherheitsbehälter beschädigt wird, sich darauf alle Arbeiter aufgrund der erhöhten Radioaktivität zurückziehen, und dass aufgrund einer missglückten Kühlung durch Wasserflutung aus den Reaktoren 3 und 4 sowie aus den Abklingbecken der Reaktoren 1 bis 4 das radioaktive Material entweicht, ist es möglich, dass die Einrichtung einer Zwangsevakuierungszone von über 170 km erforderlich wird, und dass die empfohlene Evakuierungszone bei über 250 km liegen sollte.[1]

Das hätte auch Tokio bedeutet. Was ich mir persönlich überlegt hatte, wurde nun von einem Experten wissenschaftlich bestätigt. Tatsächlich war es so. Es lief mir eiskalt den Rücken herunter.

Um Missverständnisse zu vermeiden sei angemerkt, dass die Zahl aus diesem Worst-Case-Szenario, die Evakuierung in einem Radius von 250 km, nicht bedeutete, dass diese Maßnahme sofort durchzuführen wäre. Auch wenn es zum Äußersten gekommen wäre, hätte man bis zur notwendigen Evakuierung von Tokio einige Wochen Zeit gehabt.

„Japan sinkt" wird Wirklichkeit

Ein Radius von 250 km würde fast das gesamte Tōhoku-Gebiet mit Ausnahme der Aomori Präfektur, fast die gesamte Niigata Präfektur, einen Teil der Nagano Präfektur und weite Teile des Kantō-Gebiets, in dem auch der Hauptstadtgroßraum liegt, umfassen. Dort wohnen fast 50 Mio. Menschen. Mit anderen Worten, 50 Mio. Menschen müssten evakuiert werden! In Kondōs „Worst-Case-Szenario" wurde errechnet, dass der Evakuierungszeitraum bis zum Erreichen einer jährlichen Strahlenbelastung, unter der Menschen leben können, einen Zeitraum vom mehreren Jahrzehnten erfordern würde, sofern nur der natürliche Zerfall zugrunde gelegt würde.

Eine Evakuierung von 50 Mio. Menschen über einen Zeitraum von mehreren Jahrzehnten: Das ist wohl nur vergleichbar mit Komatsu Sakyōs Science Fiction Roman „Japan sinkt". Eine ähnliche Erfahrung hat es sicherlich auch im Ausland noch nicht gegeben.

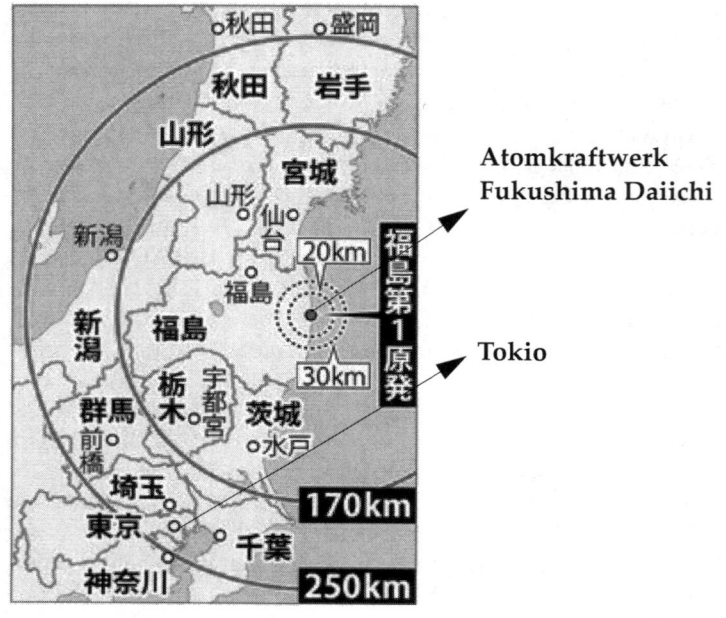

秋田　盛岡
秋田　岩手
山形
宮城
山形　仙台
新潟
20km
福島
福島
30km
**Atomkraftwerk
Fukushima Daiichi**

福島第１原発

Tokio

新潟
栃木　茨城
宇都宮
群馬　水戸
前橋
埼玉
東京
神奈川　千葉
170km
250km

Simulation der Zwangs- (170 km) und der empfohlenen (250 km) Evakuierungszone, falls der Unfall nicht unter Kontrolle gebracht werden kann.
Die Karte beruht auf der Studie „Grobe Szenarien zu unvorhergesehenen Situationen in der Atomanlage Fukushima Daiichi" vom 25. März 2011, die der Autor beim Leiter der Atomenergiekommission, Kondō Shunsuke, in Auftrag gegeben hatte.

Dieses „Worst-Case-Szenario" wurde auf inoffizieller Grundlage verfasst. Ich habe weder bei Politikern noch bei Regierungsbeamten einen darauf basierenden Evakuierungsplan angefordert. Bis hin zu einem Szenario, wie die Evakuierung durchzuführen ist, reichte die Sache nicht.

Das Szenario „Evakuierung von 50 Mio. Menschen" wurde also nur in meinem Kopf simuliert. Dort teilte es sich grob in zwei Teile. Einmal betraf es die Operationen, die notwendig wären, um 50 Mio. Menschen innerhalb von wenigen Wochen zu evakuieren. Würde man einfach die Anordnung „evakuiert das Gebiet" geben, ohne gleichzeitig ein Plan zu präsentieren, wie das zu bewerkstelligen ist, wäre eine Massenpanik unabwendbar.

Das heutige Japan verfügt über keine Ausnahmegesetze[2]. Außer auf einer starken legalen Basis jedoch, die einem Ausnahmezustand nahe käme, wäre eine geordnete Evakuierung kaum durchführbar.

Wenn ein Evakuierungsplan solchen Umfangs vorbereitet würde, würden Informationen dazu mit Sicherheit in der Vorbereitungsphase durchsickern. In der heutigen Zeit mit einer wachsenden Medienlandschaft und dem Internet gestaltet sich die Informationskontrolle überaus schwierig. Damit ist nicht gemeint, dass es schwierig ist, etwas zu verstecken, sondern dass es schwierig ist, etwas korrekt zu übermitteln, ohne damit Panik auszulösen. Wie sollte unter diesen Umständen die Evakuierung des Hauptstadtgebiets von statten gehen? Es sprengte die Vorstellungskraft.

Eisenbahnen, Straßen und Flughäfen müssten unter vollständige staatliche Kontrolle gestellt werden. Ansonsten wäre ein planmäßiger Transport unmöglich. Wie sollte man mit Menschen in Krankhäusern oder mit alten Menschen in Pflegeeinrichtungen, die sich nicht selber bewegen können, verfahren? Sollte man schwangere Frauen und Kinder zuerst evakuieren? Es türmten sich unzählige Fragen auf.

Es müsste gründlich erwogen werden, in welcher Phase das Kaiserhaus zu evakuieren wäre. Parallel zu den Bürgern wäre aus Regierungssicht weiter die Evakuierung der nationalen Institutionen zu überlegen. Die Hauptstadtverlagerung würde Realität. Zentrale Ministerien und Behörden, das Parlament, der oberste Gerichtshof, alle müssten sich bewegen. Darüber hinaus müssten noch viele weitere staatliche Einrichtungen den Umkreis von 250 km verlassen. In normalen Zeiten würde alleine eine solche Planung zwei Jahre oder wohl noch länger in Anspruch nehmen. Aber von der Planung bis zur Umsetzung müsste alles in wenigen Wochen über die Bühne gehen.

Das disziplinierte Verhalten der Japaner nach dem großen Erdbeben ist international auf Bewunderung gestoßen; aber eine Evakuierung von 50 Mio. Menschen innerhalb weniger Wochen, das wäre die Hölle. Das Leben von 50 Mio. Menschen wäre ruiniert, *„Japan sinkt"* wäre Wirklichkeit geworden.

Stellen Sie es sich bitte einmal vor: Wie wäre es, wenn an Sie die Anordnung zur Evakuierung erginge? Wir sprechen hier nicht von einem Umzug; sie müssten weglaufen und allen Hausrat zurücklassen. Was kann man mitnehmen? Kann man gemeinsam als Familie handeln? Wer Verwandte in West-Japan hat, kann vielleicht für einige Zeit dort unterkommen. Aber selbst, wenn man irgendwo

Zuflucht gefunden hat, was ist mit der Arbeit? Was ist mit der Wohnung? Was ist mit der Schule für die Kinder?

Tatsächlich sehen sich die Menschen, die nahe Fukushima Daiichi gewohnt haben, gerade mit dieser unbarmherzigen Realität konfrontiert. Die geflüchteten 160.000 Menschen leben Tag für Tag mit der Unsicherheit. Arbeit, Schule der Kinder usw., es tut sich keine Zukunftsperspektive auf, die Unsicherheit wächst einfach nur im Laufe der Zeit. Die Menschen in Fukushima sind in schwerer Bedrängnis. Wenn es zu einer Evakuierung von 50 Mio. Menschen gekommen wäre, hätten uns unvorstellbare Schwierigkeiten und Chaos erwartet. Und das ist kein leeres Gerede. Um ein Haar wäre es passiert.

Die Fortsetzung des „Worst-Case-Szenarios"

Selbst wenn irgendwie die Evakuierung von 50 Mio. Menschen gelingen würde, wäre das noch nicht das Ende des „Worst Case Szenarios".

Stellen Sie sich die Situation einmal vor, dass in einem Umkreis von 250 km über mehrere Jahrzehnte niemand mehr wohnen könnte. Die Menschen, die in diesem Gebiet mit Landwirtschaft, Viehzucht oder Fischerei beschäftigt waren, verlören nicht nur ihre Wohnstatt, sondern auch ihre Arbeit. Wer in Fabriken von Großunternehmen gearbeitet hat, mag im Inland oder auch ins Ausland versetzt werden, aber lokale Produktionsstätten gingen einfach in die Pleite, und die dort beschäftigten Menschen würden arbeitslos. Genauso erginge es dem individuellen Einzelhandel. Kaufhäuser und Supermärkte, die zu landesweiten Ketten gehören, könnten überleben, müssten aber Personal abbauen. Mit lokalen Dienstleistungen für Verkehr, Strom, Gas und Telekommunikation befasste Unternehmen verlören ihr Geschäft in Ost-Japan.

Wie wäre es mit den Beamten, deren Beschäftigung als sicher gilt? Beamte auf dem nationalen Level hätten mit dem Wiederaufbau des Landes reichlich zu tun. Es würde sicher auch die Forderung laut, deren Zahl als eine Maßnahme gegen die Arbeitslosigkeit zu erhöhen. Aber was wäre mit den Beschäftigten der im Umkreis von 250 km befindlichen lokalen Gebietskörperschaften? Angenommen, bestimmte Präfekturen oder Kommunen würden fortbestehen, aber wenn deren Einwohner in alle Winde zerstreut wären, könnten diese ihre Funktion als Gebietskörperschaften nicht mehr aufrechterhalten. Ob wohl eine geringe Zahl von Beamten in Ämtern außerhalb des Gebiets unterkommen könnte, um für den Tag der Rückkehr zu arbeiten?

Erforderlich wären weiter Wohngeldzuschüsse für die Flüchtlinge. Es ist unmöglich, einfach mehr als 10 Mio. vorläufige Unterkünfte zu bauen. Aber auch wenn der Staat Hotels, Pensionen sowie leerstehende Häuser und Zimmer anmietet und zur Verfügung stellt, würde das schnell an Grenzen stoßen.

Wie würde man sodann mit den wohl mehr als 10 Mio. Arbeitslosen umgehen? Da die durch Erdbeben und Tsunami verwüsteten Gegenden in der Evakuierungszone liegen, würden Arbeiten zu deren Wiederaufbau nicht aufgenommen.

Was wäre mit Schulen? Die in der Zone liegenden privaten Schulen würden ihre Geschäftsgrundlage verlieren. Genauso die Universitäten. Auch wenn Studenten und Professoren Zuflucht gefunden haben, so müssten sie doch ihre Forschungseinrichtungen zurücklassen. Gäbe es genügend Krankenhäuser und Einrichtungen, die kranke und hochbetagte Menschen aufnehmen könnten?

Unternehmen außerhalb der Evakuierungszone müssten ihre Forderungen abschreiben, wenn ihre Geschäftspartner in Tokio waren. Sie würden ihre Kunden verlieren. Direkt oder indirekt, jede Branche und jedes Unternehmen wäre betroffen.

Ein Wirtschaftschaos wäre unvermeidbar. Vielleicht müsste der Handel mit Aktien ausgesetzt werden. Auch der Wechselkurs des Yen würde abstürzen. Die gesamte japanische Wirtschaft würde in den Abgrund stürzen.

Die Grundstückspreise von Tokio würden wohl ins Bodenlose fallen, die Preise in Osaka und Nagoya dagegen drastisch anziehen. Notwendig würde vielleicht eine Aussetzung des Immobilienhandels. So müsste das Konzept von Kapitalismus und privatem Eigentum insgesamt in Frage gestellt werden.

Einige Leute würden auch auswandern. Es wäre wirklich das in „Japan sinkt" gezeichnete Szenario.

Welche Summen an Ausgaben müsste das Land leisten? Aus welchen Quellen sollten diese Gelder kommen?

Eine Evakuierungszone im Durchmesser von 250 km würde weiterhin auch bedeuten, dass sich die Radioaktivität über die Luft und das Meer weltweit verbreiten würde. Wie sollte Japan als Land auf die sich darauf beziehende Kritik und die Forderungen nach Schadensersatz reagieren? Es wäre wohl nicht damit getan, die Verantwortung dem privatwirtschaftlichen Unternehmen TEPCO zuzuweisen, abgesehen davon, dass diese Dimension die Möglichkeiten von TEPCO übersteigen würde.

Die Simulation überstieg die Vorstellungskraft eines einzelnen Menschen.

Immer wieder lief der Krisenfilm in meinem Kopf ab.

Ein schwerer Unfall in einem Atomkraftwerk passiert nicht. Unter dieser Voraussetzung wurde die japanische Gesellschaft aufgebaut. Unter dieser Voraussetzung wurden 54 Kernreaktoren errichtet. Das Rechtssystem, die Politik und die Wirtschaft, ja selbst die Kultur basierten auf der Voraussetzung, dass ein Unfall in einem Atomkraftwerk nicht passieren würde. Ohne Übertreibung lässt sich sagen, dass man auf nichts vorbereitet war. Als dann tatsächlich ein Unfall passierte, war dem nichts entgegenzusetzen. Die Aussage von Politikern, Energieversorgern und Aufsichtsbehörden, dass man sich das „nicht vorgestellt" hätte, entspricht in gewisser Hinsicht durchaus der Wahrheit. Das muss ich mit aller Selbstkritik klar so sagen.

Aber ob nun außerhalb der Vorstellungen oder wie auch immer, nachdem der Unfall einmal passiert war, gab es kein Entkommen vor dieser Tatsache. Ich musste auf alles gefasst sein.

Die Sorgen des höchsten Verantwortlichen

Ab dem 11. März 2011 drohte Ost-Japan für einige Wochen von einem unsichtbaren Feind namens „Radioaktivität" eingenommen zu werden. Bei diesem Feind handelte es sich nicht um Invasoren aus dem Ausland. Nicht vielen Leute dürfte das so bewusst gewesen sein, aber es war ein Feind, den Japan aus seinem Inneren hervorgebracht hatte. Genau deswegen musste Japan ihn auch aus eigener Kraft unter Kontrolle bringen. Dafür mussten notfalls auch Opfer in Kauf genommen werden. So ernst war die Sache.

Um den Atomunfall in Tschernobyl in den Griff zu bekommen, wurde in der Sowjetunion das Militär an die Front geschickt. Um das Feuer zu löschen, wurden aus Helikoptern insgesamt 5.000 t Sand und Blei abgeworfen. Im Laufe eines weiteren halben Jahres wurde sodann der „Sarkophag" errichtet. Dem Vernehmen nach mussten alleine aufgrund der Löscharbeiten der ersten 10 Tage 200 Arbeiter, zumeist Soldaten, ins Krankenhaus eingeliefert werden, wovon etwa 30 wegen der plötzlichen Strahlenbelastung gestorben sind. Den weiteren Verlauf mit eingeschlossen, dürfte wohl eine beträchtliche Anzahl an Soldaten ihr Leben gelassen haben. Wie viele Opfer genau zu beklagen waren, ist – wir sprechen eben von der Sowjetunion – nicht bekannt. Ganz sicher war bei diesem Einsatz mit dem Tod zu rechnen. Könnte man es in Japan aber genauso wie in der Sowjetunion machen, und sollte man es auch?

Bis zum 2. Weltkrieg wurde es in Japan als selbstverständlich erachtet, für das Land zu sterben. Die Kriegsführer haben das in Schlachten wie der um Okinawa nicht nur den Soldaten, sondern auch den Zivilisten abverlangt. Aus der Kritik daraus ist Japan nach dem Krieg als ein Land wiedererstanden, in dem „für das Land sterben" nicht von den Bürgern gefordert wird. Es heißt: „ein Leben wiegt schwerer als die Welt".

Kommt man aber mit dieser Philosophie, den konkreten Atomunfall in Fukushima vor Augen, wirklich durch? Wenn die Bekämpfung des Reaktorunglücks fehlschlägt und so große Mengen an radioaktivem Material über ganz Ost-Japan und weiter über die ganze Welt freigesetzt werden, was wird dann aus Japan und der Welt? Viele Japaner werden ihr Leben verlieren, ein großes gesellschaftliches Chaos wird ausbrechen und Japan wird in eine staatsgefährdende Krise geraten. Darf man weglaufen, weil es lebensgefährlich ist?

Mein politisches Credo ist die Verwirklichung einer Gesellschaft mit dem geringsten Ausmaß an Unglück. Die größte Ursache für Unglück ist ein Krieg, aber auch ein schwerer Atomunfall stürzt viele Menschen ins Unglück. Das zu verhindern ist die Aufgabe der Politik. Damit das gelingt, müssen die Bürger in ihren unterschiedlichen Positionen ihrer Verantwortung gerecht werden. Noch größer ist natürlich die Pflichtschuldigkeit von Politikern und Beamten. Mit Bezug auf den Atomunfall muss sodann erwartet werden, dass sich die betreffenden TEPCO-Mitarbeiter in ihren jeweiligen Positionen der Verantwortung stellen.

Als Premierminister war ich in der Position, einen Einsatzbefehl auch dann erteilen zu müssen, wenn dieser Einsatz im schlimmsten Fall zum Tod führen konnte[3].

Wie ist es aber aus der Sicht desjenigen, der den Befehl erhält? Dieser befindet sich in einem Dilemma. Da gibt es einerseits die professionelle Verantwortung. Mit Frau und Kindern hat man auf der anderen Seite die Verantwortung als Ehemann und Vater; an einen gefährlichen Ort möchte man da nicht gehen.

Die Tage nach dem 11. März musste ich ständig mit der Frage ringen, wie man mit den zusehends außer Kontrolle geratenen

Atomreaktoren und dem unsichtbaren Feind Radioaktivität kämpfen, und wie weit dieser Kampf erfolgreich sein konnte. Die hier aufgeworfenen drängenden Probleme waren damit zur unmittelbaren Wirklichkeit geworden.

Der Rückzug von TEPCO und die gemeinsame Zentrale

Einige Tage nach dem Atomunglück, als sich keine Eindämmung des Unfalls abzeichnete und die Reaktoren zunehmend außer Kontrolle gerieten, verfestigte sich meine Entschlossenheit, keine Flucht vor den Problemen zuzulassen, auch wenn es Leben, mein eigenes eingeschlossen, kosten sollte. Von der Verwaltungseinrichtung allerdings, die für Maßnahmen gegen Nuklearunfälle zuständig sein sollte, der Atomaufsichtsbehörde, wurden keinerlei Vorschläge vorgebracht. Ab dem zweiten Tag war auch vom Behördenleiter praktisch nichts mehr zu sehen. Da trat das Problem des Rückzugs von TEPCO auf.

Als ich am 15. März um 3.00 Uhr morgens im Premierministeramt eine kurze Schlafpause eingelegt hatte, weckte mich mein Stabsleiter mit den Worten: „Der Wirtschaftsminister ist gekommen, um etwas mit Ihnen zu besprechen". Sodann trat Wirtschaftsminister Kaiëda Banri vor und berichtete, der Vorstandsvorsitzende von TEPCO, Shimizu Masataka, habe mitgeteilt, den Rückzug antreten zu wollen.

Auf die Details zum Umgang mit TEPCO werde ich im nächsten Kapitel eingehen, aber ich habe gedacht „ein Rückzug bedeutet den Untergang Japans, ein Rückzug ist ausgeschlossen". Das betraf nicht nur TEPCO, sondern gleichermaßen auch die Selbstverteidigungsstreitkräfte, die Feuerwehr und die Polizei. Normalerweise wäre es übertrieben, so weitgehende Anforderungen an die Mitarbeiter eines Privatunternehmens wie TEPCO zu stellen. TEPCO war jedoch der Unfallverursacher. Nur die Ingenieure von TEPCO konnten die unfallverursachenden Kernreaktoren im TEPCO Fukushima Atomkraftwerk bedienen. Es war unmöglich, den Unfall ohne die Fachleute von TEPCO unter Kontrolle zu bringen. Aus diesen Gründen war es ausgeschlossen, auch wenn es Lebensgefahr bedeutete, TEPCO den Rückzug zu gestatten.

Gleichzeitig bin ich zu dem Schluss gekommen, dass es notwendig sei, eine gemeinsame Notfallzentrale von Regierung und TEPCO in der Hauptverwaltung von TEPCO einzurichten. Darüber hinaus habe ich entschieden, dass mein Assistent Hosono als mein ständiger Vertreter vor Ort die Zentrale leiten sollte. Obwohl TEPCO und die Regierung ab Beginn des Atomunfalls zu dessen Eindämmung auf das engste hätten zusammenarbeiten müssen, war die Kommunikation so unzureichend, dass sogar ein so schwerwiegendes Problem wie der „Rückzug" auftrat. Das konnte sich als tödlich für die Entwicklung von Maßnahmen zur Kontrolle des Unfalls erweisen. Ich bestellte sodann den Vorstandsvorsitzenden Shimizu ein und teilte ihm mit: „Es gibt keinen Rückzug". Weiterhin holte ich sein Einverständnis für den Vorschlag ein, eine gemeinsame Notfallzentrale im Hauptquartier von TEPCO zu installieren.

Zur Errichtung der gemeinsamen Notfallzentrale bin ich dann am 15. März um 5.35 Uhr morgens in die TEPCO-Hauptverwaltung eingerückt. Der „Rückzug" war ja wohl nicht nur die Idee des Vorstandsvorsitzenden Shimizu, sondern beruhte sicher auch auf den Vorstellungen des Aufsichtsratsvorsitzenden und der anderen Mitglieder des Top-Managements. Es war daher meine Absicht, diese Herren davon zu überzeugen, den Gedanken an einen Rückzug aufzugeben. Mit ganzer Leidenschaft habe ich dann die folgenden Worte gesprochen:

„Sie, meine Herren, können am besten die Schwere dieses Unfalls ermessen. Regierung und TEPCO müssen unbedingt an einem Strang ziehen, um die Sache in den Griff zu bekommen. Dafür stehe ich in der Verantwortung mit Minister Kaiëda und Herrn Shimizu direkt an meiner Seite. Hier geht es nicht nur um den Reaktor 2. Wenn Reaktor 2 aufgegeben wird, was passiert dann mit den Reaktoren 1, 3, 4, 5, 6, und weiter mit dem Atomkraftwerk Fukushima Daini? Wenn auch diese aufgegeben werden, zerfallen nach wenigen Monaten alle nuklearen Brennstoffe und Abfälle; die Radioaktivität wird dann freigesetzt. Ein Vielfaches von Tschernobyl. Es wäre das Ende der japanischen Nation.

Wir müssen irgendwie, auch unter Einsatz unseres Lebens, die Kontrolle über die Lage zurückgewinnen. Wir können uns nicht zurückziehen und schweigend zur Seite schauen. Wenn wir das tun, kommt am Ende vielleicht das Ausland und sagt: „Wir nehmen die Sache in die Hand". Sie sind zuständig, meine Herren! Kämpfen Sie unter Einsatz ihres Lebens! Auch wenn Sie weglaufen, können Sie nicht entkommen.

Informationen werden spät übermittelt, ungenau und sogar fehlerhaft. Igeln Sie sich nicht ein, meine Herren! Legen Sie die erforderlichen Informationen auf den Tisch! Es ist wichtig, dass Sie ihr Handeln nicht nur auf den Augenblick ausrichten, sondern auch zehn Stunden, einen Tag und eine Woche in die Zukunft schauen.

Es ist egal, wie viel Geld es kostet. Nur TEPCO kann es schaffen. Wo Japan vom Untergang bedroht ist, ist ein Rückzug unmöglich. Herr Aufsichtsrats- und Herr Vorstandsvorsitzender, fassen Sie Ihren Entschluss! Leute über 60 können die Positionen an der Unglückstelle einnehmen. Ich selbst bin zu allem bereit. Ein Rückzug ist unmöglich. Wenn Sie sich zurückziehen, ist das auch das sichere Ende von TEPCO."

Dies ist den Aufzeichnungen entnommen, die damals ein junger Mitarbeiter aus dem Premierministeramt, der mitgekommen war, gemacht hat.

Gegenangriff

Am 15. März um 6.00 Uhr morgens, als ich mich gerade bei TEPCO befand, wurde mir über einen großen Knall nahe der Druckabbaukammer von Reaktor 2 berichtet. Es wurde angenommen, dass aufgrund des Überdrucks ein Loch in einem Teil der Druckabbaukammer gerissen wurde. Falls der gesamte Sicherheitsbehälter zerstört würde, wäre das die schlimmste aller Entwicklungen.

TEPCOs Reaktionen liefen den Geschehnissen nun ständig hinterher. Besonders die Hauptverwaltung erfüllte ihre logistischen Funktionen nicht. Selbst notwendiges Gerät wie Batterien usw. erreichten auch Tage nach dem Unfall den Unglücksort nicht, wie sich bei Überprüfung einer Videokonferenz herausstellte. Nach Einrichtung der gemeinsamen Notfallzentrale wurde es einfacher, mit den Selbstverteidigungsstreitkräften und der Polizei zu kooperieren, was zu erheblichen Verbesserungen führte.

Der Gegenangriff gegen das Atomunglück, durch das wir einseitig dem Ansturm der Radioaktivität ausgesetzt waren, setzte am 16. März ein, einen Tag nach Einrichtung der gemeinsamen Notfallzentrale, als die Selbstverteidigungsstreitkräfte Hubschrauber für die Wasserflutung aufsteigen ließen. Da am 16. die Strahlenintensität in der Luft sehr hoch war, wurde die Aktion verschoben, aber am 17. wurde das lebensgefährliche Projekt angegangen. Das gab der Moral von Selbstverteidigungsstreitkräften, Feuerwehr und Polizei einen erheblichen Schub, um auch unter Einsatz des Lebens alles für Japan zu geben. Auch bei den Vereinigten Staaten, insbesondere beim amerikanischen Militär, verstärkte sich die Neigung, uns mit aller Kraft zu unterstützen, wenn die Selbstverteidigungsstreitkräfte die Führung übernahmen.

Weiter verringerte sich, wobei noch unklar ist, ob es nun am Venting[*] lag oder daran, dass sich ein Loch aufgetan hatte, der Druck im Reaktorinneren. Das erlaubte die Wasserflutung. Im Ergebnis wurde eine Kühlung des Reaktors möglich, die Temperatur ging nach und nach zurück und die Atomanlage begann sich zu stabilisieren.

Göttlicher Beistand

Falls der Sicherheitsbehälter durch das verspätete Venting so wie ein Luftballon in Gänze zerplatzt und explodiert wäre, wäre das Worst-Case-Szenario unvermeidlich gewesen. Aber das ist nicht passiert. Es wird vermutet, dass in der Druckabbaukammer von Reaktor 2 ein Loch entstanden war. Es verhielt sich mit dem Kernreaktor wohl so wie mit einer Papiertüte, in die man Luft einlässt, und die an den schwachen Verbindungsstellen Löcher bildet, aus denen die Luft dann entweicht.

Im Ergebnis wurden keine auf einen Schlag tödliche Mengen an Radioaktivität freigesetzt. Weiter ging der Druck zurück, so dass von außen geflutet werden konnte.

Dass das Desaster vermieden werden konnte, war natürlich auch den Anstrengungen der Leute vor Ort zu verdanken, aber letztendlich war es auf eine Verkettung von glücklichen Zufällen zurückzuführen.

Einer davon war, dass sich im Abklingbecken von Reaktor 4 Wasser befand. Aufgrund einer Verspätung von Bauarbeiten war der Reaktor 4 zum Zeitpunkt des Unfalls voll mit Wasser. Aus irgendeinem Grund – etwa einem starken Stoß – scheint das Wasser in das Abklingbecken geflossen zu sein. Wäre das Wasser im Becken gesiedet und verdampft, wäre das Worst-Case-Szenario unvermeidlich gewesen. Es war wirklich göttlicher Beistand.

Auf diese Weise konnten wir glücklicherweise Abstand vom „Worst-Case-Szenario" gewinnen, und ich musste nicht so weit gehen, tatsächlich einen konkreten Evakuierungsplan anzuordnen. Die „Evakuierung von 50 Millionen" ging daher nicht über das Stadium einer Simulation in meinem Kopf hinaus. Bis zum heutigen

---

[*] Venting = kontrollierte Druckentlastung des Sicherheitsbehälters (A.d.Ü.)

Tage jedoch geht mir dieses „Worst-Case-Szenario" der Evakuierung von 50 Millionen Menschen nicht aus dem Kopf.

Blick in den Abgrund von Japans Untergang

Nach meinem Rücktritt als Premierminister wurde ich manchmal gefragt, ob es denn nicht Pech war, dass ausgerechnet während meiner Amtszeit eine solche Katastrophe stattgefunden hat. Ich habe es jedoch nie in die Kategorien von Glück oder Pech eingeordnet. Ich beklage mich nicht darüber, und andererseits war es für mich auch keine Ermunterung, mir einen besonderen Namen zu machen. Ich habe es einfach als Schicksal hingenommen. Und vor dem kann man nicht davonlaufen, habe ich mir gesagt.

Seit dem Unfall ist mir auch die Sache mit Tschernobyl nicht mehr aus dem Kopf gegangen. Beim Verfassen dieses Buches habe ich daher die Erinnerungen von Gorbatschow aus der Sowjetunion zur Hand genommen, desjenigen Politikers, der so wie ich in die Hölle schauen musste. Was dort geschrieben steht, deckt sich weitgehend mit meinen Erfahrungen. Ich möchte etwas daraus zitieren:

„Die ersten Tage verfügten wir über keine ausreichenden Informationen. Ich hatte unmittelbar gespürt, dass sich dies zu einem dramatischen Problem mit enormen Konsequenzen auswachsen könnte.

Basierend auf den mir bekannten Fakten möchte ich nicht behaupten, dass jemand verantwortungslos mit dem Schicksal der Menschen umgegangen ist. Wenn keine rechtzeitigen Reaktionen erfolgten, dann weil ein unzulänglicher Informationsstand gegeben war. Das ist der wichtigste Grund. Nicht nur Politiker, sondern auch Wissenschaftler und Experten hatten keine geeigneten Maßnahmen gegen einen solchen Unfall parat.

Was sich in seiner negativsten Form manifestierte, war die Verschlossenheit und Geheimniskrämerei des Atomsektors, die wiederum auf dem Bereichsegoismus der zuständigen Behörden und der Monopolmentalität der Wissenschaftler beruhten. Dazu habe ich auf der Sitzung des Politbüros am 3. Juli 1986 folgendes gesagt: „30 Jahre lang haben wir von euch, d.h. euch Wissenschaftlern, Experten und Ministern gehört, die Kernkraft sei sicher. Ihr habt euch wie die Götter gefühlt. Und dann diese Katastrophe. Die zuständigen Behörden und viele wissenschaftliche Einrichtungen haben außerhalb jeder

Kontrolle gearbeitet. Das gesamte System war geprägt von Schmeichelei, Speichelleckerei, Bereichsegoismus, Druck auf Andersdenkende und Prahlerei. Die Führer waren vom Geist der Seilschaften und Cliquen umgeben.

Es gab Leute, die Tschernobyl für politische Zwecke missbrauchen wollten."

Das ist fast genauso wie im heutigen Japan. Fünf Jahre nach dem Unfall brach die Sowjetunion zusammen. Obwohl ich und Gorbatschow beide in den Abgrund eines schweren Atomunglücks geblickt haben, sind wir zu unterschiedlichen Schlussfolgerungen gelangt, was die Zukunft der Kernenergie betrifft. Im Gegensatz zu Gorbatschow, der die Kernkraft für unabdingbar hält, habe ich mich für den Ausstieg aus der Atomenergie entschlossen.

Die Atomkraft ist eine Frage der Philosophie

Nach den Erfahrungen des 3/11 Atomunfalls von Fukushima haben viele Leute ihre Gedanken zur Atomkraft dargelegt.

Unter den Debatten zur Kernkraft kommt mir besonders eine in den Sinn. Bei der Eröffnung der 1. Wiederaufbaukonferenz im letzten Jahr (2011) wurde der aktuelle Atomunfall vom Philosophen Umehara Takeshi als „Zivilisationsunglück" entlarvt. Die Atomkraft ist nicht nur eine Angelegenheit der Technik oder der Wirtschaft, sondern durch sie wird die Lebensweise der Menschen, die Zivilisation schlechthin in Frage gestellt. Man kann sagen, dass der Atomunfall durch die Wahl einer fehlgeleiteten Zivilisation verursacht worden ist. Wenn das so ist, kann weiter geschlussfolgert werden, dass der Atomausstieg nicht so sehr ein technisches Problem ist, sondern letztendlich vom Willen der Bürger abhängt. Er ist ein philosophisches Problem.

Ich selbst glaube nach den Erfahrungen des 3/11 Atomunfalls auch, dass die Nutzung der Kerntechnik den Menschen grundsätzlich überfordert. Die Kernenergie bedroht die Existenz des Menschen.

Aus der griechischen Mythologie ist die Sage von Prometheus bekannt. Seit der Grundschulzeit hat mein Vater sie mir oft erzählt. Prometheus hat den Menschen das ihnen unbekannte Feuer gebracht. Das erzürnte Zeus, der meinte, wenn man den Menschen das Feuer gibt, wird dies großes Unglück nach sich ziehen. Also ließ er Prometheus an einen Felsen ketten, die Adler fraßen seinen Körper an, und er musste ewige Qualen erdulden.

Mein Vater war ein technischer Angestellter, der in seinen jungen Jahren offenbar eine literarische Ader hatte. Während ich diese Geschichte des Öfteren hörte, wuchs in mir die Überzeugung, es müsse die Aufgabe von Politikern sein, das „Feuer des Prometheus" zu kontrollieren.

So war ein Anlass für mich, Politiker zu werden, die Existenz von Atomwaffen. 1957 wurde die Pugwash-Konferenz begründet, die Wissenschaftler und Philosophen aus der ganzen Welt zusammenbrachte. Sie vereinigte Leute wie Einstein, Russell und Yukawa Hideki, die die Entwicklung von Atomwaffen bereuten und sich für deren Abschaffung stark machten. Als ich von dieser Konferenz als Student gehört hatte, wurde mir abermals bewusst, dass Wissenschaft und Technik nicht das Glück der Menschen im Sinne einer „prästabilierten Harmonie" herbeiführen.

Der Fortschritt in Wissenschaft und Technik akkumuliert sich, aber die Fähigkeiten der einzelnen Menschen entwickeln sich nicht im gleichen Maße. In dieser Diskrepanz liegt der Grund, dass Wissenschaft und Technik unkontrollierbar werden. Die Entwicklung von Atomwaffen ist ein Widerspruch in sich selbst, so als wenn die Mäuse eine Mausefalle konstruieren würden. Das ist anders als bei der Kunst, die auf individuellen Werken beruht. Kann der Mensch die Weisheit aufbringen, die richtige Auswahl aus Wissenschaft und Technik zu treffen? Das sehe ich seit jungen Jahren als meine Aufgabe an. Darin liegt für mich der Ausgangspunkt, mich mit Politik zu beschäftigen. Schon während meines naturwissenschaftlichen Studiums an der Technischen Hochschule Tokio hatte ich Interesse an Politik und eine Studentenbewegung begründet. Nach dem Examen dann eine Bürgerbewegung. Schließlich bin ich Politiker geworden. All das wurde von meinem Wunsch motiviert, die Wissenschaft und Technik innewohnenden Widersprüche irgendwie zu handhaben.

Koexistenz mit den Menschen

Lebewesen wie die Menschen existieren auf der Erde aufgrund der Wohltaten der Sonne. Die Energien, die sich der Mensch zunutze gemacht hat, haben – abgesehen von der Erdwärme – ihre Herkunft aus der Sonne. Man kann die Meinung vertreten, dass auch die Sonnenenergie eigentlich nichts anderes sei als Kernenergie in Form von

Kernfusion. Die Sonne ist jedoch 150 Mio. km von der Erde entfernt, und diese Entfernung schwächt die Radioaktivität ab. Die durch die Kernprozesse in der Sonne entstehende Radioaktivität beeinflusst die auf der Erde lebenden Menschen kaum. Anders betrachtet konnte und kann das Leben, inklusive der Menschen, auf der Erde in Koexistenz mit Radioaktivität nur entstehen und fortbestehen, weil diese durch die Entfernung der Sonne abgeschwächt ist.

Können die Menschen jedoch, anders als mit der natürlich existierenden Sonne, mit den in den letzten Jahrzehnten auf der Erde hervorgebrachten Vorrichtungen der Kernenergie, den Atomwaffen und der Atomkraft, koexistieren? Die Welt des Menschen wird mit einem schwerwiegenden Widerspruch konfrontiert. Falls die Menschheit einmal untergeht, wird es, so glaube ich, an der Kernkraft liegen. Darin liegt der Widerspruch, dass der Fortschritt von Wissenschaft und Technik die Existenz des Menschen gefährdet.

Was mich betrifft, so möchte ich den Ausstieg aus der Atomenergie um jeden Preis in die Wirklichkeit umsetzen. Ich bin der Überzeugung, dass dies meine Pflicht als derjenige Politiker ist, der das Atomunglück von Fukushima als Premierminister erlebt hat.

1. Kapitel
Erinnerungen: Die Tage am Abgrund

Im Folgenden möchte ich möglichst chronologisch auf die Woche nach dem Tōhoku Erdbeben vom 11. März 2011 zurückblicken.

11. März, Freitag

Vor dem Ausbruch des Erdbebens

Beim Ausbruch des Tōhoku Erdbebens am 11. März 2011 um 14.46 Uhr nahm ich gerade an einer Sitzung des Rechnungsprüfungsausschusses des Oberhauses teil.

Zu der Zeit verfügte die Opposition über die Mehrheit der Sitze im Oberhaus; es herrschten also die umgekehrten Verhältnisse wie im Unterhaus, so dass wir eine politische Pattsituation hatten. Die Angriffe der Opposition waren daher besonders heftig. Auch bei der Festlegung des Sitzungskalenders wurde auf die Wünsche der Opposition Rücksicht genommen, und der Premierminister musste sowohl im Haushalts- wie im Rechnungsprüfungsausschuss lange Stunden Rede und Antwort stehen. Nach der Verfassung verfügt in Haushaltsfragen das Unterhaus über die stärkeren Rechte, aber in den letzten Jahren hat der Rechnungsprüfungsausschuss des Oberhauses besonders an Gewicht gewonnen.

Der Rechnungsprüfungsausschuss ist eigentlich der Ort, an dem Befragungen zum Ist-Haushalt des abgelaufenen Jahres durchgeführt werden. Die Fragen an diesem Tag jedoch bezogen sich nicht auf den Haushaltsabschluss als solchen, sondern konzentrierten sich wesentlich auf eine Frage im Zusammenhang mit meinen parteipolitischen Spenden. Dabei ging es darum, dass eine der von mir offengelegten Spenden von einem Ausländer getätigt worden war.[4]

Der schwankende Kronleuchter

Während ich mich der strengen Befragung unterziehen musste, brach um 14.46 Uhr das Erdbeben aus.

Die große Erschütterung dauerte ziemlich lange an. Auch der

von der Decke herabhängende Kronleuchter des Ausschusssaales geriet heftig ins Schwanken. Hoffentlich fällt das Ding nicht herunter, dachte ich, während ich beide Armlehnen des Stuhls am Befragungsplatz umklammerte und nach oben blickte.

Nachdem die langen Erschütterungen endlich abgeklungen waren, verkündete der Ausschussvorsitzende eine Unterbrechung der Sitzung, woraufhin ich unverzüglich vom Parlament ins Premierministeramt eilte. Ich begab mich sofort weiter in das unterirdische Krisenzentrum.

Dort befand sich neben anderen bereits der Kabinettssekretär, und weitere Leute kamen rasch hinzu. Es war üblich, bei Erdbeben ab einer Stärke von 6 einen Krisenstab im Premierministeramt einzurichten. Dieser Stab stand unter der Leitung des Krisenbeauftragten des Kabinetts und setzte sich aus einem Team von Abteilungsleitern verschiedener Ministerien zusammen. Der Kabinettsbeauftragte Itō Tetsurō befand sich zur Zeit des Erdbebens im Premierministeramt und konnte so unverzüglich das Krisenteam zusammenrufen. Früher hatte Itō als nationaler Polizeipräsident fungiert. 2008, während der Amtszeit von Premierminister Fukuda Yasuo, wurde er zum Krisenbeauftragten des Kabinetts berufen. Im gleichen Jahr erlebte er das Erdbeben in den Präfekturen Iwate und Miyagi.

Die Zentrale zur Bekämpfung eines dringenden Notfalls

Nachdem ich angekommen war, begann um 15.14 Uhr die Sitzung. Itō erläuterte, dass es sich hier um einen Fall handele, der die Einrichtung einer formellen *Zentrale zur Bekämpfung eines dringenden Notfalls* erfordere. Ich stimmte sogleich zu.[5]

Für die Einrichtung einer *Zentrale zur Bekämpfung eines dringenden Notfalls* ist ein Kabinettsbeschluss erforderlich. Das liegt darin begründet, dass dieses Gremium über sehr weitgehende Befugnisse verfügt. Der Vorsitzende der Zentrale, der Premierminister, kann bei Bedarf nicht nur den nationalen Behörden, sondern auch den Gebietskörperschaften Anweisungen erteilen.[6]

Zu diesem Zeitpunkt war weder die Tsunami eingetroffen, noch hatte sich das Unglück im Fukushima Atomkraftwerk Daiichi ereignet. Ein Gesamtüberblick über die Schäden des großen Erdbebens war bisher in keiner Weise gegeben. Es hatte sich einfach ein Großbeben ereignet, wie es das Nachkriegs-Japan noch nicht erlebt hatte.

Damals rangen ich und mit mir das Premierministeramt um eine Antwort auf das große Erdbeben und sodann auf die Tsunami. Dann ereignete sich das dritte Unglück, der Atomunfall. Ein umfassendes Bild über die Schäden von Erdbeben und Tsunami hatten wir jedoch noch nicht. So war die Situation.

Atomunfälle ereignen sich nicht unbedingt in normalen Zeiten. Es sollte natürlich unter der Hypothese gearbeitet werden, dass sie im Rahmen solcher großflächigen Katastrophen stattfinden. Das „Gesetz für besondere Maßnahmen bei Atomunfällen" (im folgenden „Atomunfallgesetz") jedoch, das für Zwecke der Bekämpfung von solchen Unfällen verabschiedet wurde, geht davon in keiner Weise aus. Daran sollte ich einige Stunden später erinnert werden.

Die Notfallzentrale begann sofort mit der Schaffung der Voraussetzungen für die Rettungsaktionen. Oberste Priorität hatte die Rettung von Menschenleben. Nach einem Erdbeben sind die ersten 72 Stunden von kritischer Bedeutung für die Lebensrettungsaktionen. Eingedenk der Tatsache, dass die Selbstverteidigungsstreitkräfte beim Kōbe Erdbeben von 1995 nur verspätet zum Einsatz kamen, veranlasste ich über Verteidigungsminister Kitazawa deren umgehende Mobilisierung. Aus dem Verteidigungsministerium kam die Information zurück, dass 20.000 Leute sofort ausrücken könnten; also befahl ich zunächst den Einsatz dieser 20.000 Leute. Aber aus Sorge, dass dies nicht ausreichen könnte, forderte ich Verteidigungsminister Kitazawa auf, die Mobilisierung von weiteren Truppen zu überprüfen.

Der Totalausfall der Wechselstromversorgung in Fukushima Daiichi durch die Tsunami

Unmittelbar nach dem Erdbeben wurde in den Fukushima Atomkraftwerken Daiichi und Daini die Notabschaltung durchgeführt. In Fukushima Daiichi waren die Reaktoren 1–3 in Betrieb, während die Reaktoren 4–6 aufgrund der periodischen Inspektion abgeschaltet waren. Durch die nach dem Erdbeben auf die Sanriku-Küste einbrechende Tsunami jedoch fielen in schneller Folge sämtliche Wechselstromquellen im Atomkraftwerk aus.[7]

Das Atomunfallgesetz, welches regelt, wie nach einem Atomunglück zu verfahren ist, stammt aus dem Jahre 1999. Der erste kommerzielle Atomreaktor in Japan – das Tōkai-Kraftwerk in Tōkaimura in der Präfektur Ibaraki – hatte 1966 seinen Betrieb aufgenommen.

Seit der Zeit bis zum Jahre 1999 gab es demnach keine gesetzliche Regelung für Verfahrensweisen nach einem atomaren Unglück. Anlass für die Verabschiedung des Atomunfallgesetzes war der JCO Kritikalitätsstörfall im September 1999 in Tōkaimura. Dabei handelte es sich nicht um einen Unfall in einem Atomkraftwerk, sondern um einen Störfall, der von einem Lieferanten atomaren Brennstoffs verursacht wurde, bei dem zwei Menschen durch eine tödliche Strahlendosis ums Leben kamen. Bis zu dem Zeitpunkt wurde unter der Voraussetzung gearbeitet, dass ein Unfall in einer Einrichtung für den Umgang mit atomaren Brennstoffen „nie" passiert. Daher existierte auch kein Gesetz, welches regelte, wie die Behörden damit umzugehen hätten.

Das Atomunfallgesetz sieht vor, dass bei einem schweren Störfall für die Notmaßnahmen an den Reaktoren innerhalb des Atomkraftwerks der Energieversorger als Betreiber verantwortlich ist, während das Land und die Gebietskörperschaften die Lasten außerhalb des Atomkraftwerks, wie etwa die Evakuierung der Bevölkerung, zu tragen haben.

Das Gesetz sieht weiter vor, dass bei Ausrufung des Atomnotstandes eine *Zentrale zur Bekämpfung eines Atomunfalls* unter Leitung des Premierministers eingerichtet werden muss. Deren Stab wird von der dem Wirtschaftsministerium zugeordneten Atomaufsichtsbehörde getragen. Die tatsächliche Informationssammlung und die Überprüfung der erforderlichen Maßnahmen obliegen weiterhin einer lokalen Notfalleinrichtung, die am Unglücksort nahe dem Atomkraftwerk errichtet wird. Dort versammeln sich bei einem Unfall die zuständigen Leute, bilden das lokale Notkommando, bestimmen die Richtung der zu treffenden Maßnahmen und setzen diese nach Zustimmung des Leiters der Zentrale, des Premierministers, um.

Nach geltendem Recht obliegt es daher grundsätzlich dem privaten Energieversorgungsunternehmen, einen Atomunfall unter Kontrolle zu bringen. Die Aufgabe der Regierung ist es, die Evakuierungspläne für die Bevölkerung zu erarbeiten.

Die Ausrufung des Atomnotstandes

Ich nahm an der Sitzung der *Zentrale zur Bekämpfung eines dringenden Notfalls* teil, bei der auch alle anderen Mitglieder anwesend waren, und nach deren Ende um 16.22 Uhr kehrte ich in das Arbeitsbüro des

Premierministers zurück. Mein Terminplan sah zu diesem Zeitpunkt vor, bereits die erste Pressekonferenz nach dem großen Erdbeben und der großen Tsunami zu geben, und anschließend war ein Treffen der Parteiführer von Regierung und Opposition angesetzt. Zuvor fand noch eine Unterredung mit Generalsekretär Okada Katsuya und dem stellvertretenden Parteivorsitzenden Sengoku Yoshito von der DPJ* statt.

Auf der ersten Pressekonferenz nach der großen Katastrophe habe ich dann den Ausbruch des Erdbebens festgestellt, den Betroffenen mein Mitgefühl ausgesprochen, die Einrichtung der *Zentrale zur Bekämpfung eines dringenden Notfalls* mitgeteilt und zum Ausdruck gebracht, dass alles unternommen wird, um die Schäden auf ein Minimum zu begrenzen. Bezüglich der Atomanlagen habe ich mitgeteilt, dass diese teilweise automatisch abgeschaltet wurden, Einflüsse von radioaktivem Material jedoch nicht festgestellt werden konnten.

Obwohl es eine Pressekonferenz war, hatte ich diesmal keine Fragen zugelassen, und nach vier Minuten war die Veranstaltung beendet. Anschließend begab ich mich sofort wieder in mein Arbeitszimmer im 4. Stock des Premierministeramtes.

Ab 17.00 Uhr stieß ich zu den Beratungen, die mein Stab mit Vertretern der Atomaufsichtsbehörde führte, und um 17.42 Uhr kam Wirtschaftsminister Kaiëda. Minister Kaiëda erstattete den erforderlichen Bericht zur Lage nach Paragraph 15 Atomunfallgesetz und übergab die Dokumente im Zusammenhang mit der Ausrufung des Atomnotstandes.

Natürlich musste der Atomnotstand laut Gesetz ausgerufen werden; gleichzeitig wollte ich aber einen möglichst genauen Überblick über die Unfalllage gewinnen. Während der entsprechenden Erläuterungen habe ich den Raum fünf Minuten für das angesetzte Treffen der Parteiführer von Regierung und Opposition verlassen. Zurück, hörte ich mir die weiteren Erklärungen an und rief dann um 19.30 Uhr den Atomnotstand aus.[8] Anschließend wurde die *Zentrale zur Bekämpfung eines Atomunfalls* (Atomunfallzentrale) eingerichtet und deren erste Sitzung eröffnet.

---

* DPJ = Demokratische Partei Japans, die zum Zeitpunkt des Erdbebens regierende Partei mit Kan als Vorsitzendem (A.d.Ü.)

Ein Atomunfall und ein Erdbeben mit Tsunami erfordern andere Antworten

Im Krisenzentrum des Premierministeramts wurden also parallel die *Zentrale zur Bekämpfung eines Atomunfalls* und die *Zentrale zur Bekämpfung eines dringenden Notfalls* eingerichtet. Für Beide war das gesetzlich so vorgeschrieben. Leiter der Atomunfallzentrale ist laut Gesetz der Premierminister und dessen Stellvertreter der zuständige Fach-, also der Wirtschaftsminister.[9] Die Zusammensetzung beider Gremien ist praktisch identisch. Die einzige Organisation, die nur zur Atomunfallzentrale gehört, ist die Atomaufsichtsbehörde. Tatsächlich wurden die Sitzungen der *Zentrale zur Bekämpfung eines dringenden Notfalls* und der *Zentrale zur Bekämpfung eines Atomunfalls* parallel durchgeführt.

Dies vorausgeschickt sind jedoch ein Atomunfall und ein Erdbeben mit Tsunami von ganz unterschiedlicher Wesensart. Erdbeben und Tsunami entfalten ihre größte Gefahr beim Ausbruch, während das Problem bei einem Atomunfall in der Unsicherheit liegt, welches Ausmaß dieser Unfall überhaupt annimmt. Mit anderen Worten, die Maßnahmen bei einem Erdbeben mit Tsunami richten sich gegen eine bereits eingetretene Katastrophe, während das Augenmerk bei einem Atomunfall auf die künftig möglichen Geschehnisse gelegt werden muss. Beide Notfallzentralen müssen sich also jeweils entgegengesetzter Denkweisen befleißigen.

Das Gleiche kann auch über die Evakuierung der Bevölkerung gesagt werden. Leute, deren Häuser bei einem Erdbeben mit Tsunami zerstört oder fortgespült wurden, können nur evakuiert werden. Dagegen müssen bei einem Atomunfall Menschen, deren Häuser völlig unbeschädigt sind, zur Evakuierung aufgefordert werden.

Weiterhin erstreckte sich die Verantwortung der *Zentrale zur Bekämpfung eines dringenden Notfalls* über ein ziemlich weites geographisches Gebiet, während die *Zentrale zur Bekämpfung eines Atomunfalls* zunächst nur die Gegend um das Atomkraftwerk Fukushima Daiichi zu berücksichtigen hatte.

Wir sahen uns jedenfalls gleichzeitig mit zwei nationalen Krisen, nämlich einer beispiellosen Erdbeben-Tsunami Katastrophe und dazu mit dem weltweit ersten multiplen schweren Atomunfall konfrontiert. Mit Erdbeben gab es verschiedene Erfahrungen wie bei der Katastrophe in Kōbe. Ein multipler schwerer Atomunfall wie dieser war jedoch eine Weltneuheit. Das war eine Situation, wie sie noch niemand erlebt hatte.

Wie ich über die Rechte und die Verantwortung des Premierministers denke

Paragraph 25 des Atomunfallgesetzes bestimmt bei einem Unfall, dass der Betreiber (in diesem Falle TEPCO) „durch das Sicherheitssystem des betreffenden atomaren Betriebes die erforderlichen Notmaßnahmen ergreifen muss, damit ein atomares Unglück oder dessen Ausweitung verhindert wird". Nach den Regeln des geltenden Rechts war für die Unfallmaßnahmen innerhalb des Atomkraftwerkgeländes der Betreiber TEPCO zuständig, außerhalb des Werkes dagegen war die dort zu errichtende lokale Notfallzentrale in der Verantwortung.

Auf diese Weise oblag die Bekämpfung des eigentlichen Atomunfalls dem Betreiber, in diesem Falle TEPCO. Der Unglücksort, das Atomkraftwerk Fukushima Daiichi, war eine Einrichtung des privaten Unternehmens TEPCO und stand damit im Privateigentum. Die Mitarbeiter waren alle Privatleute. Welche Rechte hatte der Staat gegenüber diesem Privateigentum und diesen Privatleuten? Ich musste darauf gefasst sein, zu dieser Frage bald final Position zu beziehen.

In den Berichten des parlamentarischen Untersuchungsausschusses zum Unfall und anderswo wird über „die Einmischung des Premierministeramtes" und „die Einmischung des Premierministers" gesprochen. Zu diesem Punkt möchte ich mich im Folgenden äußern.

Als erstes möchte ich darlegen, welche Rechte der Premierminister nach dem Gesetz hat. Nach Paragraph 20 des Atomunfallgesetzes hat, wenn es für dringende Maßnahmen als erforderlich erachtet wird, der Premierminister als Leiter der Notfallzentrale das Recht, dem Betreiber des Atomkraftwerkes (in diesem Falle TEPCO) die notwendigen Anweisungen zu erteilen.[10] Anweisungen an TEPCO waren daher möglich. Diese „Anweisungen" sind ein sehr starker Begriff. Da Energieversorgungsunternehmen darüber hinaus auch noch zu einer regulierten Branche gehören, ist es unmöglich, dass der Betreiber den Anweisungen des Premierministers nicht Folge leistet. Folglich ist es inkorrekt zu sagen, da habe sich jemand, der dazu überhaupt nicht das Recht hatte, gleichsam von der Seite mit irgendwelchen Äußerungen „eingemischt". Nach Recht und Gesetz kann der Premierminister als Leiter der *Zentrale zur Bekämpfung eines Atomunfalls* Anweisungen an TEPCO erteilen. Über die Güte dieser Anweisungen mag man ja geteilter Ansicht sein, aber die Anweisungen als solche als „Einmischung" zu kritisieren, geht an der Sache vorbei.

Zweitens möchte ich dazu Stellung nehmen, wie der Premierminister sich im Falle einer wirklichen nationalen Notlage seiner Verantwortung stellen sollte. Tatsächlich kann der Premierminister TEPCO nach dem Gesetz „Anweisungen" erteilen, „falls das Erfordernis dafür besteht". Ob ein solches Erfordernis besteht, muss natürlich sorgfältig abgewogen werden. Denn die Ausübung von Rechten sollte so zurückhaltend wie möglich erfolgen.

In diesem Sinne war es sicher, wie unten dargestellt wird, ein außergewöhnliches Beispiel, dass das Premierministeramt, vom Ausbruch des Unfalls bis zur Errichtung der gemeinsamen Notfallzentrale von Regierung und TEPCO am 15. März in der TEPCO-Hauptverwaltung, im Mittelpunkt stand und sich direkt in die Unfallbekämpfung involvierte.

Aber auch wenn es ein außergewöhnliches Beispiel war, so bin ich doch der Überzeugung, dass der Premierminister in Zeiten eines Notfalls vom Ausmaß einer nationalen Krise die Verantwortung hat, alle möglichen Rechte auszuüben und alles zu unternehmen, um diese Krise zu überwinden. Dieses Atomunglück war ein schwerer Unfall außerhalb der Vorstellungskraft von TEPCO und der Atomaufsichtsbehörde; das war nach meinem Verständnis nun wirklich eine Situation, in der der Premierminister von seinen Rechten Gebrauch machen sollte.

Im Folgenden werde ich ausführlich über die Unfallbekämpfungsmaßnahmen berichten. Bitte urteilen Sie selbst.

Der Rat der Experten und die Nukleare Sicherheitskommission

Der Leiter der *Zentrale zur Bekämpfung eines Atomunfalls* „kann vom Betreiber der Atomanlage oder anderen involvierten Institutionen verlangen, dass diese Dokumente oder Informationen bereitstellen, ihre Meinung äußern und in sonstiger Hinsicht im erforderlichen Umfang kooperieren". Darauf basierend habe ich veranlasst, dass von TEPCO eine entsprechend kompetente Person zur ständigen Präsenz ins Premierministeramt entsandt wird.

Weiter bestimmt das Atomunfallgesetz: „Wenn es als erforderlich erachtet wird, dass dringende Maßnahmen präzise und schnell umgesetzt werden, kann er von der Nuklearen Sicherheitskommission Rat bezüglich der technischen Aspekte der Umsetzung der dringenden Notfallmaßnahmen verlangen." Auf dieser Basis hat Madarame Haruki, der Vorsitzende der Nuklearen Sicherheitskommission, seine Präsenz weitgehend in das Premierministeramt verlegt.

Die Nukleare Sicherheitskommission ist eine Einrichtung, die 1978 von der Atomenergiekommission, von der später noch die Rede sein wird, abgespalten wurde. Sie wurde 1974 anlässlich der Freisetzung von Radioaktivität beim atomangetriebenen Schiff *Mutsu* gegründet. Weiter wurden ihre Funktion und Struktur aus Anlass des Kritikalitätsstörfalls in einer JCO Uranfabrik 1999 gestärkt. Sie nimmt eine neutrale Position unabhängig vom Wirtschafts- oder Wissenschaftsministerium ein, bestimmt die Grundprinzipien des Landes bezüglich Sicherheitsregulierung und leitet Behörden und Betreiber an. Es ist eine mit starken Rechten ausgestattete Kommission, die über den Premierminister relevante staatliche Einrichtungen anweisen kann. Einschließlich des Vorsitzenden ernennt der Premierminister nach Zustimmung des Parlaments fünf Kommissionsmitglieder. Unter diesen fünf operieren dann ein Expertenrat für Reaktorsicherheit mit 60 Mitgliedern, ein Expertenrat für Brennstoffsicherheit mit 40 Mitgliedern, ein Expertenrat für Notfallmaßnahmen mit 40 Mitgliedern und weitere Fachrunden, so dass deren Mitgliederzahl insgesamt 250 Personen erreicht. 100 Personen sind in der Verwaltung der Kommission beschäftigt.

Unterhalb des Kabinetts gibt es nun auch eine Atomenergiekommission.[11] Für das „Worst-Case-Szenario" hatte ich den Rat von deren Vorsitzenden Kondō eingeholt. Dies war jedoch keine Aktion, die auf einer im Atomunfallgesetz verankerten rechtlichen Grundlage basierte.

Auch in der Atomenergiekommission sind Experten für Atomenergie versammelt; aber das Atomunfallgesetz sieht für die Institution keine Funktion im Zusammenhang mit Unfällen vor.

Zurück zu den Geschehnissen. Nachdem um 19.03 Uhr im Krisenzentrum des Premierministeramtes die Atomunfallzentrale eingerichtet worden war, bestellte ich Experten von der Atomaufsichtsbehörde, der Nuklearen Sicherheitskommission und TEPCO ein, um einen Überblick über die Unfalllage gewinnen zu können.

Das Atomunfallgesetz bestimmt den Premierminister als Leiter der Atomunfallzentrale, aber deren operative Leitung obliegt der im Mittelpunkt der tatsächlichen Unfallbekämpfung stehenden Atomaufsichtsbehörde mit deren Leiter an der Spitze.

Die lokale Notfalleinrichtung erfüllt ihre Führungsfunktion bei der Unfallbekämpfung nicht

Abgesehen von einigen Insidern werden wohl die meisten Menschen bis zum Ausbruch des Unfalls noch nicht einmal gewusst haben, dass eine Organisation wie die Atomaufsichtsbehörde existiert. Diese ist 2001 aus der zentralen Verwaltungsreform hervorgegangen. Ihr Hauptstandort befindet sich in Kasumigaseki, dem Regierungsviertel von Tokio. Weiter hat sie 21 Sicherheitsinspektionsbüros und Industrieaufsichtsabteilungen an neun Standorten. Insgesamt beschäftigt sie etwa 800 Mitarbeiter. Neben dem Atomkraftwerk Fukushima Daiichi befindet sich ein Sicherheitsinspektionsbüro in der Gemeinde Ōkuma im Landkreis Futaba der Präfektur Fukushima. Dessen Gebäude sollte als „Atomunfallbekämpfungszentrale der Präfektur Fukushima" die lokale Notfalleinrichtung behausen.

Das Atomunfallgesetz wurde auf Basis der Lehren geschaffen, die man aus dem JCO Kritikalitätsstörfall gezogen hatte. Danach sollen Unfallbekämpfungsmaßnahmen so nahe am Unfallort wie möglich koordiniert werden. Die lokale Notfalleinrichtung soll als Basis für die Informationssammlung zum Atomunfall fungieren und die Führung bei der Auswahl der Maßnahmen übernehmen. Bei diesem Unfall jedoch war die lokale Notfalleinrichtung zur totalen Funktionslosigkeit verdammt.

Das Atomunfallgesetz geht von der Voraussetzung aus, dass in der Atomanlage zwar eine Ausnahmesituation vorliegt, dass jedoch an Orten außerhalb der Einrichtung alles normal verläuft. Allerdings befand sich diesmal das gesamte Ost-Japan in einer Ausnahmesituation, innerhalb derer der Notstand in einer Atomanlage gegeben war.

Die Ankunft von Vize-Wirtschaftsminister Ikeda Motohisa etwa, der die lokale Notfalleinrichtung aufbauen und leiten sollte, verzögerte sich aufgrund der durch das Erdbeben verursachten Verkehrsstaus beträchtlich. Und nicht nur Vize-Minister Ikeda verspätete sich. Die Mitarbeiter der lokalen Notfalleinrichtung sollten sich aus den örtlichen Gebietskörperschaften rekrutieren, aber hier war durch Erdbeben und Tsunami verwüstetes Unglücksgebiet, so dass überhaupt nicht die Möglichkeit bestand, sich zu sammeln. Durch das Erdbeben waren der Strom ausgefallen, die Kommunikationsleitungen unterbrochen und die Straßen zerstört. Man konnte also noch nicht einmal mit den Leuten, die kommen sollten, in Kontakt treten, um sie zum Kommen aufzufordern. Selbst wenn die Verbindung gelang, ließ die Straßensituation eine Bewegung oft nicht zu. Eigentlich sollten sechs Städte und Dörfer der Umgebung Mitarbeiter entsenden, aber Leute kamen nur aus Ōkuma. Weiter konnten die Kommunikationseinrichtungen der lokalen Notfallzentrale aufgrund des Stromausfalls nicht genutzt werden.

Im Ergebnis konnte die lokale Notfalleinrichtung die ihr zugedachten Funktionen im Rahmen der ersten Unfallbekämpfungsaktivitäten nicht ausfüllen. Sie wurde dann am 15. März schließlich auch in das Präfekturamt von Fukushima verlegt.

Laut Gesetz soll die außerhalb der Atomanlage zu etablierende lokale Notfalleinrichtung auch Entscheidungen wie die Einrichtung von Evakuierungszonen treffen; die Aufgabe des Premierministers als Leiter der Notfallzentrale ist es dagegen, von „unten" nach „oben" entwickelten Vorschlägen die finale Zustimmung zu erteilen. Aber das „unten" für diesen Prozess fehlte ganz einfach. Somit konnten wir nur von „oben" nach „unten" agieren. Doch auch das funktionierte so nicht, da ja „unten" überhaupt nicht existierte. Es blieb daher nur von „oben", vom Premierministeramt aus, die Dinge in die Hand zu nehmen.

Was für eine Organisation ist die Atomaufsichtsbehörde?

Die Atomaufsichtsbehörde ist letztendlich eine Institution, die Sicherheitsinspektionen in Atomkraftwerken und anderen Energiebetrieben durchführt. Sie ist nicht hinreichend darauf ausgerichtet, als Experteninstitution für Maßnahmen bei Unfällen zu fungieren. Nach dem Atomunfallgesetz ist die Atomaufsichtsbehörde hauptsächlich dafür verantwortlich, in gegenüber normalen Zeiten erweiterter Form Informationen zu sammeln. Weiter wird von ihr lediglich verlangt, den Premierminister als Leiter der Atomunfallzentrale in technischer Hinsicht zu beraten. Als Politiker trage auch ich dafür Verantwortung, aber obwohl Japan mehr als 50 Atomreaktoren hat, gibt es keine einzige staatliche Expertenorganisation mit dem Auftrag, Atomunfälle unter Kontrolle zu bringen. Auch Feuerwehr und Polizei sind darauf nicht ausgerichtet. Die Selbstverteidigungsstreitkräfte verfügen mit Blick auf einen denkbaren Atomangriff über eine Zentraleinheit zum Schutz vor unkonventionellen Waffen. Diese Einheit kam bei diesem Unfall auch zum Einsatz, aber über direktes Know-how, wie ein Atomunfall unter Kontrolle zu bringen ist, verfügt sie nicht.

Der Grund dafür, warum es keine Organisation für die Bekämpfung von Atomunfällen gibt, ist, dass solche Unfälle eben nicht passieren. Würde eine solche Organisation aufgebaut werden, hieße das ja, dass die Regierung von der Annahme eines solchen Unfalls ausgeht. Das wiederum würde den Aufbau von Atomkraftwerken behindern. Das dürfte der Grund sein.

Ich war davon ausgegangen, dass es sich bei den Mitarbeitern der Atomaufsichtsbehörde selbstverständlich wesentlich um Experten für Atomkraft handelt. Nach meinen Erfahrungen als Gesundheits- und Finanzminister waren die Ministerialbeamten Experten auf ihren jeweiligen Gebieten. Im Falle des Ministeriums für Gesundheit, Arbeit und Soziales etwa Experten für Pensionen, medizinische Leistungen oder Pflege und im Falle des Finanzministeriums Experten für Steuern oder Finanzen. Daher dachte ich, dass es sich selbstverständlich auch bei der Atomaufsichtsbehörde um eine Expertengruppe für Fragen der Atomsicherheit handelt.

Als ich mir jedoch die Erläuterungen von Terasaka Nobuaki, dem herbeigeeilten Leiter der Atomaufsichtsbehörde, anhörte, überkam mich ein merkwürdiges Gefühl. Ganz allgemein merkt man ja sofort, ob jemand, der etwas erklärt, den Inhalt seiner eigenen Äußerungen versteht oder einfach nur ohne Verständnis redet. Die Bedeutung der Ausführungen von Behördenleiter Terasaka erschloss sich mir nicht. Daher fragte ich ihn: „Sind Sie ein Experte für Atomkraft?" Worauf Herr Terasaka schlicht „ich bin Absolvent der Wirtschaftsfakultät der Tokio Universität" zur Antwort gab.

Die Atomaufsichtsbehörde ist eine Sondereinrichtung des Amtes für Rohstoffe und Energie, das wiederum ein Außenbüro des Wirtschaftsministeriums ist. Die Mitarbeiter in den Abteilungen mögen Experten sein, aber die Führungspositionen werden mit Karrierebürokraten aus dem Wirtschaftsministerium besetzt. Auch wenn sie als Wirtschaftsbeamte viel von der Wirtschaft verstehen, so sind sie doch Amateure auf dem Gebiet der Kernkraft.

Ich bin der Auffassung, dass der Leiter der Atomaufsichtsbehörde ein Experte für Atomkraft sein sollte, aber auch wenn er es nicht ist, sollte er doch von einem solchen begleitet werden, wenn er für Erklärungen vor den Premierminister tritt. Besonders bei einem schweren Störfall wie diesem, wo man wissen möchte, was weiter mit dem Reaktor geschieht, ob die Gefahr einer Kernschmelze besteht, und ob Maßnahmen dagegen hinreichend untersucht und umgesetzt werden, hat das ohne Experten keinen Sinn.

Das bedeutet nicht, dass, weil ich zufällig einen naturwissenschaftlichen Hintergrund habe, ich mich gerne mit Naturwissenschaftlern unterhalten möchte. Politiker haben meistens einen geisteswissenschaftlichen Hintergrund. Aber gerade deswegen ist es unakzeptabel, wenn keine Erklärungen gegeben werden, die von Leuten, die nichts von Atomenergie verstehen, auch verstanden werden. Dann kommen wir in Situationen, wo beide, der fragende Politiker und der antwortende Behördenleiter, feststellen müssen, nichts Genaueres zu wissen.

Als Ersatz für Terasaka kam anschließend ein Abteilungsleiter der Atomaufsichtsbehörde für Erläuterungen zur Sachlage ins Premierministeramt. Aber auch er war, wiewohl ein Ingenieur, kein Experte in Sachen Atomkraft. Drei Tage nach dem Unfall schließlich wurde der Kernenergiespezialist Yasui Masaya, der im Amt für Rohstoffe und Energie des Wirtschaftsministeriums Leiter der Abteilung Energieeffizienz und neue Energien war, zur Aufsichtsbehörde transferiert und fungierte als unser Ansprechpartner.

Die Bereitstellung und der Transport von Stromversorgungsfahrzeugen

Bei diesem schweren Störfall traten vom ersten Tag an häufig Probleme auf, die der Betreiber TEPCO alleine nicht lösen konnte. So forderte ich von TEPCOs Top-Ingenieur Takekuro Ichirō einen Bericht zur aktuellen Lage an und fragte gleichzeitig, ob wir etwas tun könnten. „Wir hätten gerne zunächst Stromversorgungsfahrzeuge" erhielt ich darauf zur Antwort.

Zur Vorbereitung auf einen Totalstromausfall sollten eigentlich für die Versorgung der Notkühlaggregate notwendige Stromquellen auf einem erhöhten Terrain bereitstehen. Im Atomkraftwerk Fukushima Daiichi jedoch befanden sich die Notstromdiesel im Untergeschoss, so dass sie von der Tsunami überflutet wurden und ausfielen.

Die Erklärung von TEPCO lautete zu dem Zeitpunkt: „Wenn die Stromversorgungsfahrzeuge schnell eintreffen, können die Notkühlaggregate ziemlich lange laufen. In der Zwischenzeit lässt sich dann die Hauptstromversorgung wiederherstellen."

TEPCO hatte einige Stromversorgungsfahrzeuge in seinem Bestand, die offenbar auch auf dem Weg zum Unglücksort waren. Weitere wurden von den Tōhoku Elektrizitätswerken angefordert. Währenddessen setzten sich der stellvertretende Kabinettssekretär Fukuyama Tetsurō und seine Leute mit dem Verteidigungsministerium in Verbindung, damit zumindest einige der Fahrzeuge bis nach Fukushima durchkommen konnten.

Wären es normale Zeiten gewesen, hätte TEPCO über Kontakt mit seinen anderen Standorten die Fahrzeuge sicher selbst bereitstellen und transportieren können. Aber wie im Falle des Vize-Wirtschaftsministers, der auf dem Weg in die lokale Notfallzentrale von Fukushima im Verkehr steckenblieb und sich weder vor noch zurück bewegen konnte, befanden sich die Straßen in einem katastrophalen Zustand. Die Städte waren verstopft, und bei den Straßen im Unglücksgebiet war die Wahrscheinlichkeit hoch, dass diese eingesunken oder durch Erdrutsche verwüstet waren. Die Autobahnen waren für den normalen Verkehr gesperrt. Auf übliche Art und Weise waren die Wagen kaum zu bewegen.

In dieser Situation mussten die Stromversorgungsfahrzeuge durch Polizei oder Selbstverteidigungsstreitkräfte angeführt werden. Es hätte sicher nicht gereicht, dass sich TEPCO an verstopften Stellen mit der Polizei in Verbindung setzt. Hier musste sich die Notfallzentrale, mit anderen Worten das Premierministeramt, direkt involvieren und unter vollem Rückgriff auf den Apparat der Polizei und der Selbstverteidigungsstreitkräfte dafür sorgen, dass die Stromversorgungsfahrzeuge mit höchster Staatspriorität bewegt werden konnten.

Jedem war bewusst, dass man zur Kühlung eines Atomreaktors Strom benötigt und dass es ohne Kühlung zur Kernschmelze kommt.

Zu dem Zeitpunkt war es oberste Priorität, die Stromversorgungsfahrzeuge so schnell wie möglich an den Unglücksort zu bringen, und in dem Maße, wie die Atomaufsichtsbehörde und andere zuständige Organisationen ihre Funktion nicht erfüllten, musste das Premierministeramt unter Einschluss meiner selbst direkt die Zügel in die Hand nehmen.

Die Koordination der Maßnahmen gegen den Atomunfall haben wir zuerst in einer Ecke des Krisenzentrums in den Untergeschossen durchgeführt. Denn dort gab es im Zwischenstockwerk einen kleinen Raum (im Folgenden „Zwischenstock" genannt) mit Platz für etwa 10 Leute, wo leicht Nachrichten zu Erdbeben, Tsunami und Atomunfall aufgenommen werden konnten. Es gab jedoch lediglich zwei Telefone, und mit Handys konnte aus Gründen des Krisenmanagements keine Verbindung hergestellt werden. Ich habe mich daher im Arbeitszimmer des Premierministers im 4. Stock für den Empfang von Nachrichten bereitgehalten. Die anderen politischen

Mitarbeiter waren zunächst im Zwischenstock, versammelten sich aber bald im 4. Stock, wo dann der tatsächliche Kommandoraum für die Notfallzentralen eingerichtet wurde.

Meine Mitarbeiter brachten ein Whiteboard ins Arbeitszimmer und zeichneten die aktuellen Positionen der Stromversorgungsfahrzeuge ein, die sich aus verschiedenen Richtungen möglichst schnell auf Fukushima Daiichi zubewegten. Das waren Informationen wie „ein Fahrzeug hat um x Uhr y Minuten das Autobahnkreuz y passiert". Im Nu verfärbte sich das Whiteboard schwarz von den Notizen.

Irgendwann kam dann die Idee auf, ein Hubschrauber der Selbstverteidigungsstreitkräfte könne doch ein Stromversorgungsfahrzeug durch die Luft transportieren. Ein anwesender Mitarbeiter aus dem Stab des Verteidigungsministeriums wurde entsprechend angefragt. Auch mit den amerikanischen Streitkräften wurde das sondiert. Aber es scheiterte daran, dass die Fahrzeuge zu schwer waren.

Kurz nach 21 Uhr erreichte uns die Nachricht, dass das erste Stromversorgungsfahrzeug den Unglücksort erreicht habe. Daraufhin brach Jubel im und rund um das Arbeitszimmer des Premierministers aus. Es war so, als wenn bei einem Fußballspiel bei der Weltmeisterschaft oder der Olympiade ein Tor gefallen wäre. Alle dachten, damit könne die Ausweitung des Unfalls verhindert und die Krise gebannt werden.

Aber die Freude war nur von kurzer Dauer.

Die verzweifelt zur Verfügung gestellten Stromversorgungsfahrzeuge waren aus vielerlei Gründen, die wir später erfuhren, nutzlos: Die Stecker der Fahrzeuge hatten nicht die richtige Spezifikation und konnten nicht angeschlossen werden, die Kabel waren nicht lang genug, der Stromverteiler war nicht zu verwenden usw. usf. Dass eine Expertenorganisation für Strom wie TEPCO im Vorfeld nicht weiß, ob die Stecker der Stromversorgungsfahrzeuge passen, schockierte uns.

Die Evakuierungsanordnung

Ab etwa 21 Uhr beriet ich im unterirdischen „Zwischenstock" mit Wirtschaftsminister Kaiëda, mit meinem Assistenten Hosono sowie mit Leuten von TEPCO, der Atomaufsichtsbehörde und der Nuklearen Sicherheitskommission über die Evakuierung der Bevölkerung. Dabei wurde entscheiden, das Gebiet in einem Radius von drei Kilometern rund um das Atomkraftwerk Fukushima Daiichi zu evakuieren, und für den Radius von drei bis zehn Kilometern die Aufforderung herauszugeben, die Häuser nicht zu verlassen.

Es war 21.23 Uhr, als von der Notfallzentrale die Anweisung zur Evakuierung der Bevölkerung im Radius von drei Kilometern herausging. Später erfuhren wir, dass schon zuvor, um 20.50 Uhr, die Fukushima Präfektur eigenständig eine Evakuierung im Umkreis von zwei Kilometern angeordnet hatte. Zwischen dem Präfekturamt von Fukushima und der Notfallzentrale konnte keine Verbindung hergestellt werden.

Ab 21.52 Uhr wandte sich Kabinettssekretär Edano Yukio in einer Pressekonferenz an die Bevölkerung, um die Evakuierungsanweisung für den Umkreis von drei Kilometern bekannt zu geben.

Um 22.44 Uhr erreichte die Vorschau der Atomaufsichtsbehörde für Reaktor 2 das Krisenzentrum des Premierministeramtes. Danach war für 22.50 Uhr die Freilegung des Reaktorkerns, für 23.50 Uhr die Beschädigung der Brennstabhüllrohre und für 00.50 Uhr die Kernschmelze zu erwarten. Die Lage war außerordentlich ernst.

12. März, Samstag

Öffnen Sie schnell die Druckventile!

24 Stunden waren vorüber und es war Samstag, der 12. März. Für einige Tage nach dem 11. ging das Gefühl für die Wochentage völlig verloren. Heute oder gestern, das hatte keine Bedeutung mehr. Der Zeitstrom setzte sich ohne Umbrüche fort.

Mit dem amerikanischen Präsidenten Obama hatte ich eine Telefonkonferenz um 0.15 Uhr, und es muss anschließend gewesen sein, dass ich meinen Stab anwies: „Vielleicht möchte ich am Morgen nach Fukushima; bereiten Sie dafür alles vor!"

Nach Vorschau der Atomaufsichtsbehörde war der Reaktor 2 gefährdet, aber zu diesem Zeitpunkt ging die Gefahr eher vom Reaktor 1 aus. Um 0.06 Uhr hatte Werksleiter Yoshida Masao vor Ort die Anweisung gegeben, alle Vorbereitungen für die Druckentlastung von Reaktor 1 zu treffen. Da TEPCO um die Genehmigung für das Venting bat, setzen wir uns um kurz nach 1.00 Uhr für eine Beratung zusammen. Ich glaube, anwesend waren TEPCOs Top-Ingenieur Takekuro, der Leiter der Nuklearen Sicherheitskommission Madarame, Minister Kaiëda, Kabinettsekretär Edano und sein Stellvertreter

Fukuyama sowie Hiraoka Eiji, der stellvertretende Direktor der Atomaufsichtsbehörde. Niemand wollte das Venting verzögern. Im Gegenteil, es sollte so schnell wie möglich geschehen. Nach meinem Verständnis konnte damit eine Explosion vermieden werden. Wenn durch die so gewonnene Zeit das Stromversorgungsfahrzeug zum Einsatz gebracht werden könnte, ließe sich dann die Kühlung wiederherstellen und das Schlimmste könnte abgewendet werden. Wie lange würde es dauern, bis das Venting durchgeführt werden kann, fragte ich Ingenieur Takekuro, der darauf zur Antwort gab, dass die Vorbereitungen etwa zwei Stunden in Anspruch nähmen. Um 3.00 Uhr morgens wäre es also möglich, entnahm ich daraus.

Bereits am Vortag um 21.13 Uhr hatte ich die Anweisung zur Evakuierung im Umkreis von drei Kilometern gegeben. Der Druck im Reaktor war seit der Zeit nochmals gewachsen. Das inzwischen eingetroffene Stromversorgungsfahrzeug erwies sich als nutzlos, da es nicht an die Pumpen angeschlossen werden konnte und sich so die Kühlung nicht wiederherstellen ließ. Die Situation hatte sich verschlechtert.

Unter der Voraussetzung, dass um 3.00 Uhr das Venting durchgeführt würde, bereiteten Kabinettssekretär Edano und Minister Kaiëda ihre jeweiligen Pressekonferenzen vor. Tatsächlich begann um 3.06 Uhr die Konferenz im Wirtschaftsministerium mit Minister Kaiëda und dem TEPCO-Vorstand Komori Akio, während sich ab 3.12 Uhr Kabinettssekretär Edano im Premierministeramt der Presse stellte. Während Edanos Konferenz wurde auch angekündigt, dass ich um 6.10 Uhr nach Fukushima aufbrechen würde, um mir vor Ort selbst ein Bild von der Lage zu verschaffen. Zu dem Zeitpunkt hatte ich mich entschieden und die Planung dafür in Auftrag gegeben, mich in das Atomkraftwerk Fukushima Daiichi zu begeben und mir die von der Tsunami verwüstete Gegend aus der Luft anzuschauen. Nebenbei bemerkt wird auch in solchen außergewöhnlichen Zeiten ein genauer Ablaufplan erstellt, wenn der Premierminister reist. Dieser Plan ist dann auch einzuhalten. Davon den Umständen entsprechend abzuweichen, ist nicht gestattet.

Geteilte Ansichten zur Inspektionsreise

Ich hatte mich also entschlossen, mir die Lage im Katastrophengebiet anzusehen und das Atomkraftwerk Fukushima Daiichi zu begehen.

Schon immer war ich ein Anhänger des Ansatzes, die Dinge an den realen Orten des Geschehens in Augenschein zu nehmen. Ich glaube, man muss in einer veranwortlichen Position die Dinge mit eigenen Augen sehen und dann entscheiden. Das bedeutet nicht, dass man den Berichten der eigenen Leute nicht vertrauen würde. Aber wenn ein Urteil ansteht, das das Leben der Bevölkerung und das Schicksal der Nation bestimmt, dann ist es von außerordentlicher Wichtigkeit, den dafür maßgeblichen Ort zu kennen. Das ist meine Überzeugung.

Wir wussten jedenfalls nicht, was am Ort des Geschehens vor sich ging. Weiter wussten wir nicht, ob die Intentionen des Premierministeramtes diesen Ort erreichen. Welche Frage man auch immer den im Premierministeramt erschienenen TEPCO-Mitarbeitern stellte, eine umgehende Antwort war nicht möglich. Es erforderte eine lange Zeit. Wenn dann die Antwort kam und eine Rückfrage gestellt wurde, dauerte es wieder eine lange Zeit. Und so ging es immer weiter. Von der Atomanlage zur TEPCO-Zentrale, von der Zentrale zur Atomaufsichtsbehörde, von der Aufsichtsbehörde zum Premierministeramt. Oder von der Zentrale zu den im Premierministeramt stationierten Mitarbeitern von TEPCO. Es war, als wenn „stille Post" gespielt würde. Wären die übermittelten Nachrichten korrekt gewesen, wäre das ja noch akzeptabel. Aber es bestand die Möglichkeit, dass an bestimmten Stellen wichtige Informationen verloren gingen, oder, wenn auch ohne Absicht, diese verfälscht wurden.

Daher habe ich den Entschluss gefasst, das Atomkraftwerk, wenn auch nur für eine kurze Zeit, zu begehen, um mit den Verantwortlichen vor Ort direkt zu sprechen.

Tatsächlich waren die Ansichten zu dieser Inspektionsreise auch unter den Mitarbeitern des Premierministeramtes geteilt. Ich erinnere mich besonders daran, dass Kabinettssekretär Edano nur schwer seine Zustimmung dazu geben konnte. Das hatte wohl weniger damit zu tun, dass er praktische Probleme erwartete, wenn der höchste Entscheidungsträger das Premierministeramt verlassen würde. Er befürchtete vielmehr die politische Kritik, die diese Reise nach sich ziehen würde und empfahl, davon abzusehen. Edano war darüber besorgt, dass ich an Popularität verlieren könnte, aber mir war meine eigene Popularität egal, und so entschied ich mich dafür, mich vor Ort zu begeben, um mit meinen eigenen Augen und Ohren die Situation zu erfassen.

Ein weiteres Risiko war, dass ich verstrahlt werden könnte, wenn ich die Inspektionsreise unternahm. Auch war die Wahrscheinlichkeit einer Explosion nicht gleich Null. Aber ich dachte, dass es wohl zu diesem Zeitpunkt nicht dazu kommen würde, dass ich aufgrund einer plötzlichen Verstrahlung in der Ausübung meines Amtes als Premierminister behindert würde, auch wenn es dafür keine genaue wissenschaftliche Grundlage gab.

Allgemein wird ja darüber diskutiert, wann ein Premierminister im Katastrophenfall den Unglücksort besuchen soll. Tut er es, nachdem einige Tage verstrichen sind, wird gefragt: „Wofür sind Sie denn jetzt noch gekommen?" Geht er sofort, heißt es: „Wenn im Unglückschaos der Premierminister kommt, wird das Chaos doch noch größer." Die Ansichten darüber, ob ein Führer im Krisenfall an vorderster Front zu kämpfen hat oder aber ruhig sitzen und alles seinen Untergebenen überlassen soll, dürften geteilt sein.

Wie von Kabinettssekretär Edano befürchtet, wurde die Inspektion des Unglücksortes anschließend auch im Parlament kritisiert. Aber ich bin der Überzeugung, die richtige Entscheidung getroffen zu haben. Weil ich mir in dieser Phase den Unglücksort angesehen habe, konnte ich den Verantwortlichen vor Ort, Werksleiter Yoshida, treffen. Dadurch bekam ich ein Gefühl für die schlechte Kommunikation zwischen Werk und Zentrale, und so konnte ich am 15. vor Morgengrauen in die TEPCO-Zentrale einrücken. Weiter bin ich bei dieser Inspektionsreise nur im Atomkraftwerk Fukushima Daiichi ausgestiegen, aber vom Hubschrauber aus wollte ich mir auch die Verwüstungen durch die Tsunami ansehen. Aus dem Tsunami-Katastrophengebiet gab es ebenfalls nur wenige Informationen. Die Ämter der Städte und Dörfer waren selbst betroffen, und vielfach waren die Kommunikationslinien unterbrochen. Zwar hatte ich die Fernsehbilder gesehen, aber ohne eine direkte Inaugenscheinnahme konnte man auch hier kein Gefühl für den Umfang der Schäden entwickeln.

Etwa morgens um 5.00 Uhr begab ich mich in das Krisenzentrum im unterirdischen Bereich des Premierministeramtes. Dort wurde ich vom stellvertretenden Kabinettssekretär Fukuyama informiert, dass die Druckentlastung noch nicht begonnen hatte. Das überraschte mich, war ich doch der Annahme, dass diese Operation längst angelaufen sei. Erst später erfuhr ich, dass das Ventil nur im Handbetrieb geöffnet werden konnte. Aufgrund der hohen Strahlenbelastung stockte der Prozess jedoch.

Ich erkundigte mich bei Madarame, dem Leiter der Nuklearen Sicherheitskommission: „Was passiert denn, wenn das Venting nicht möglich ist? Besteht nicht die Gefahr, dass der Sicherheitsbehälter explodiert?" „Null ist die Wahrscheinlichkeit nicht", antwortete er darauf. Edano und Fukuyama, die das mitangehört hatten, schlugen daraufhin vor, die Evakuierungszone auf 10 km zu erweitern, und ich stimmte zu. Nach den Aufzeichnungen war das um 5.44 Uhr.

Zuerst war eine Evakuierungszone von 3 km eingerichtet worden, aber weil sich das Venting verzögerte und die Möglichkeit einer Explosion in Betracht gezogen werden musste, erfolgte die Erweiterung auf 10 km.

Genau wie in einem Feldlazarett – Die Notfallzentrale von Fukushima Daiichi

Um 6.14 Uhr brach ich vom Dach des Premierministeramtes mit einem Hubschrauber der Selbstverteidigungsstreitkräfte, einem *Super Puma*, auf. Mit dabei war auch Madarame, dem ich verschiedene Fragen stellte. Ich machte mir Notizen und erinnere mich deutlich an folgenden Dialog: „Besteht nicht die Gefahr einer Wasserstoffexplosion?", fragte ich. Darauf versicherte Madarame: „Auch wenn Wasserstoff in den Sicherheitsbehälter entweicht, so ist dieser doch mit Stickstoff gefüllt. Sauerstoff ist nicht anwesend. Daher kann es auch keine Explosion geben."

Bis dahin hatten die Leute von TEPCO und der Atomaufsichtsbehörde immer nur „weiß ich nicht" geantwortet und uns Politiker damit sehr nervös gemacht. Jetzt verkündete der Leiter der Nuklearen Sicherheitskommission in vollem Selbstvertrauen: „eine Explosion kann es nicht geben" was mich sehr beruhigte. Das erwies sich jedoch als ein großer Irrtum.

Wir erreichten Fukushima Daiichi um 7.12 Uhr. Die Reise hatte eine Stunde gedauert. Wir landeten auf einer Art Sportplatz und begaben uns in den bereitgestellten Bus. Ebenfalls in den Bus stiegen Mutō Sakae, der stellvertretende Vorstandsvorsitzende von TEPCO, und Vize-Wirtschaftsminister Ikeda. Ikeda hatte tief in der Nacht endlich den Unglücksort erreicht. Dass die außerhalb der Atomanlage aufgebaute lokale Notfalleinrichtung nicht gut funktionierte, war vom Gesetz nicht vorgesehen.

Weil Mutō sich neben mich setzte, fragte ich ihn, warum die Druckentlastung nicht funktionierte, worauf er irgendwas vor sich hin murmelte. Unwillkürlich hob ich die Stimme an.

Es ist richtig, dass ich äußerst gereizt war. Zu diesem Zeitpunkt war mir bewusst, dass sich dieser Unfall zu einer das Schicksal der

Nation bestimmenden Krise ausweiten kann. Und ob diese Krise überwunden werden kann, hing mit der Frage zusammen, ob das Venting gelingt oder nicht. Mit diesem Krisenbewusstsein war ich gekommen, und nun erhielt ich vom stellvertretenden Vorstandsvorsitzenden, der doch in der verantwortlichen Position sein sollte, eine unklare Antwort. Wenn das Venting nicht möglich war, hätte er doch einfach die Gründe dafür erläutern können. Weil er aber nichts Deutliches von sich gab, wurde ich eben laut.

Nach einer Weile erreichten wir die Notfallzentrale, deren Eingang in Form einer Doppeltür konstruiert war. Beim Öffnen der ersten Tür schrie gleich jemand: „sofort reinkommen!"

Hier war Kampfgebiet. Auf dem Flur wimmelte es von Arbeitern. Einige hatte sich auch auf den Boden gelegt. Es gab welche, die sich in eine Decke gehüllt hatten und solche mit nacktem Oberkörper. Fast alle starrten ins Leere. Wie in einem Feldlazarett, dachte ich bei mir.

Die Notfallzentrale fungierte auch als Pausenplatz für die Arbeiter nach ihrem Einsatz. Man konnte sich vorstellen, wie sie ihre Arbeiten in diesem unerbittlichen Umfeld die ganze Nacht hindurch durchgeführt hatten.

Weil viele Menschen auf dem Boden lagen, bot der Flur bloß für eine Person Platz zum Laufen. Unsere Schlange bewegte sich in die angewiesene Richtung. Wir hörten, dass sich das Sitzungszimmer im ersten Stock befindet und liefen auf die Treppe zu, aber dann landeten wir am Ende irgendeiner anderen Schlange. Zunächst dachte ich, es geht nicht weiter, weil der Flur verstopft sei, und da auch der Platz nicht reichte, um seitlich auszuweichen, stellten wir uns an. Dann merkten wir, dass es sich hier um die Schlange für die Arbeiter zwecks Messung der radioaktiven Belastung handelte. Mir wurde schlagartig klar, dass man eben an beides denken musste, nämlich einerseits an die effektive Unfallbekämpfung und andererseits an die Sicherheit der Menschen, die die Arbeiten durchführten.

„Was ist denn los, dafür haben wir doch jetzt keine Zeit, ich bin hier, um den Werksleiter zu treffen" rief ich mit lauter Stimme. Ich verließ die Schlange, zwängte mich durch die Arbeiter und erreichte die Treppe zum ersten Stock.

In dem angewiesenen Raum befanden sich ein großer Monitor und ein Tisch. Auf dem Tisch lag eine Karte von Fukushima Daiichi. Sogleich trat Werksleiter Yoshida herein.

Wir werden ein Suizidkommando aufstellen – Der Entschluss von Werksleiter Yoshida

Werksleiter Yoshida war eine ganze andere Art von Mensch als die TEPCO-Leute, die ich bisher im Premierministeramt getroffen hatte. Er erläuterte die Situation mit seinen eigenen Worten: „Für das elektrische Venting benötigen wir noch vier Stunden; daher wollen wir innerhalb einer Stunde entscheiden, ob wir manuell vorgehen."

Zuerst sollte das Venting morgens um 3.00 Uhr durchgeführt werden. Der Termin war bereits vier Stunden überschritten. Jetzt hieß es, warten Sie bitte nochmal vier Stunden. Es waren doch ursprünglich die Leute von TEPCO, die auf das Venting gedrängt hatten.

„Solange können wir nicht warten. Geht das nicht schneller?", fragte ich, worauf Yoshida antwortete: „Wir werden ein Suizidkommando aufstellen". Der stellvertretende Vorstandsvorsitzende konnte nur einige Worte vor sich hin stammeln, aber dieser Werksleiter war aus einem anderen Holz geschnitzt.

Mag auch das politische Risiko der Kritik oder das Gesundheitsrisiko der Verstrahlung bestanden haben, aber an dieser Stelle habe ich den größten Preis für meine Entscheidung zu dieser Inspektionsreise eingefahren: Ich konnte jetzt einschätzen um was für einen Menschen es sich bei Werksleiter Yoshida handelt, der die Kontrolle über die Atomanlage hatte.

Direkt nach der Katastrophe erreichten mich praktisch keine verlässlichen Informationen. Ich wusste auch nicht, ob unsere Anweisungen den vor Ort zuständigen Leuten wirklich übermittelt wurden. Weiter wusste ich nicht, was überhaupt und was nicht übermittelt wurde. Für die Einschätzung der Lage war es wichtig zu wissen, ob Anweisungen ordnungsgemäß an die Betreffenden weitergeleitet werden oder nicht. Weil das alles unklar war, wollte ich mich direkt überzeugen.

Die Einschätzungen von Madarame von der Nuklearen Sicherheitskommission beruhten nicht auf einer Begehung vor Ort. Zwar habe er, wie er sagte, früher schon einmal Fukushima Daiichi besucht, aber das läge Jahre zurück. Inwieweit die Sicherheitskommission die Lage richtig erfasste, wusste ich nicht. Auch im Falle von TEPCO, die ja am ehesten über direkte Informationen verfügen sollten, waren etliche Leute dazwischengeschaltet, bis mich eine Information erreichte. Auch auf Nachfrage war nicht klar, wer eigentlich Entscheidungen trifft und wer verantwortlich ist. Alles geschah unter dem Mantel der Anonymität. „Endlich habe ich jemanden getroffen, der sich nicht hinter der Anonymität versteckt", dachte ich, nachdem ich Werksleiter Yoshida gesprochen hatte.

Die Tsunami-Verwüstungen aus der Luft

Nach den Aufzeichnungen war es 8.05 Uhr, als wir von der Atomanlage Fukushima Daiichi abhoben. Wir haben dort also eine knappe Stunde verbracht.

Zwischenzeitlich, um 7.45 Uhr, verlor man auch die Kontrolle über den Druck in den Reaktoren des Atomkraftwerkes Fukushima Daini, so dass der Notstand ausgerufen wurde. Auch für Fukushima Daini wurde eine Evakuierungszone für den Umkreis von 3 km eingerichtet während für die Zone von 3–10 km die Anweisung erging, die Häuser nicht zu verlassen. Diese Entscheidungen wurden während der Inspektion von Fukushima Daiichi getroffen. Auch in Fukushima Daini waren durch das Erdbeben zwei von drei Stromübertragungssystemen ausgefallen und durch die Tsunami die Kühlsysteme der Reaktoren außer Gefecht gesetzt. Zu Explosionen kam es jedoch nicht, und am 15. gelang die Kaltabschaltung aller Reaktoren. Bis dahin dauerten die Sorgen an.

Nachdem wir von Fukushima Daiichi abgehoben hatten, schaute ich mir die Katastrophengebiete von Miyagi und Iwate vom Hubschrauber aus an. Dabei ging es nicht nur um die Atomanlage, und auch wenn es nur aus der Luft war, konnte ich mir mit meinen eigenen Augen ein Bild von den durch die Tsunami verursachten Verwüstungen machen. Dies erwies sich als Pluspunkt für die späteren Maßnahmen.

Natürlich hatte ich über die Schäden von Erdbeben und Tsunami die Bilder im Fernsehen gesehen, aber das war zugeschnittenes Material. Mit einem 360° Blickfeld konnte ich mich mit meinen eigenen Augen von den furchtbaren Schäden überzeugen. Die Küstenlinie entlang war zwischen Meer und Land nicht mehr zu unterscheiden.

Zuerst wollte ich einmal landen, aber das hätte entsprechende Empfangsvorbereitungen an dem Ort erfordert (nicht, dass das von mir gewünscht worden wäre, aber wenn der Premierminister kommt, muss es eben doch unbedingt so gemacht werden). Weiter wäre es dann schwierig geworden, noch am Vormittag ins Premierministeramt zurückzukehren. So begaben wir uns, soweit es eben ging, bis nach Norden.

Bei dieser Erdbebenkatastrophe waren fast alle Schäden durch die Tsunami hervorgerufen worden. Ich befand daher, dass noch einmal die größtmöglichen Hilfsanstrengungen unternommen werden mussten. Zurück im Premierministeramt beriet ich mich mit Verteidigungsminister Kitazawa und veranlasste die Entsendung von 50.000 Mann der Selbstverteidigungsstreitkräfte. Am Vortag hatte ich sondiert, ob die Zahl nicht erhöht werden kann, aber zu diesem Zeitpunkt kam die Antwort, 50.000 seien möglich, und so wies ich den Einsatz dieser 50.000 Leute an. Ich drängte Minister Kitazawa jedoch, die Zahl weiter zu erhöhen. Er willigte ein und beriet sich mit den Spitzenbeamten im Verteidigungsministerium. Im Ergebnis erhielt ich am nächsten Tag, dem 13., den Bericht, dass für die Rettungsarbeiten maximal 100.000 Soldaten mobilisiert werden könnten. Das entsprach knapp der Hälfte der Gesamtstärke der Selbstverteidigungsstreitkräfte von 240.000 Personen. Dies war die maximale Anzahl, die vorgesehen war, falls es einmal im Kantō, dem Gebiet mit der Hauptstadt Tokio, eine großflächige Katastrophe geben sollte. Weil dazu schon früher Simulationen stattgefunden hatten, war die schnelle Anpassung möglich.

Bei meiner Rückkehr ins Premierministeramt war es 10.47 Uhr. Beim Eintritt ins Arbeitszimmer wurde ich vom stellvertretenden Kabinettssekretär Fukuyama in Empfang genommen. „Werksleiter Yoshida ist in Ordnung. Dem kann man vertrauen. Mit dem Mann kann man reden.", sagte ich in etwa. Ich hatte eine reiche Ernte eingefahren.

Die Explosion im Fernsehen

Werksleiter Yoshida hatte angekündigt, falls nötig ein Suizidkommando für das Venting aufzustellen, und wirklich war es eine Arbeit, die Todesmut erforderte. Dennoch warteten wir lange auf die Nachricht, ob die Operation erfolgreich verlaufen war. Ungefähr um 14.30 Uhr erreichte uns dann die Meldung, dass es gelungen sei, einen Druckabfall im Sicherheitsbehälter zu bewirken; zwar sei etwas radioaktives Material freigesetzt, aber eine Krise zunächst abgewendet worden. Das bewirkte einige Erleichterung.

Nach den späteren Verlautbarungen von TEPCO und den Feststellungen des Unfalluntersuchungsausschusses der Regierung war es jedoch so, dass wohl bereits am 11. gegen 20.00 Uhr Brennstoff auf den Boden des Druckbehälters herabfiel und die Kernschmelze eingesetzt hatte. Deswegen ist auch nicht völlig klar, ob der Druckabfall, der am 12. um 14.30 Uhr gemeldet wurde, auf das Venting oder auf die Kernschmelze zurückzuführen war.

Um 15 Uhr gab es eine Sitzung der Parteivorsitzenden von Regierung und Opposition. Dabei wurde bekräftigt, alle Kräfte für den Wiederaufbau zu vereinen. Die Sitzung endete um kurz nach 16.00 Uhr.

Sofort danach berichtete mir Itō, der Krisenbeauftragte des Kabinetts, „in Fukushima Daiichi hat es ein Explosionsgeräusch gegeben. Rauch steigt auf". Näheres wusste er offenbar aber auch nicht. Ich begab mich in mein Arbeitszimmer, um mich genauer informieren zu lassen. Bei mir waren Madarame von der Nuklearen Sicherheitskommission, der stellvertretende Kabinettssekretär Fukuyama und Shimomura Eiji, ein Kabinettskoordinator.

Nach einer Weile erhielten wir auch die Meldung, nicht weißer Rauch, sondern etwas Schwarzes wäre heruntergeregnet. Ich rief TEPCO-Ingenieur Takekuro und fragte, „Was ist da bloß los?". „Davon habe ich nichts gehört", antwortete Takekuro, „da muss ich mal in der Zentrale nachfragen", und griff zum Hörer. „Die haben nichts davon gehört", kam dann als Antwort.

Madarame fragte ich: „Was könnte das für ein weißer Rauch sein?". „Auf dem Werksgelände gibt es viele flüchtige Stoffe; irgendwas davon könnte in Brand geraten sein", erhielt ich darauf als schwammige Auskunft. In dem Moment stürmte mein Assistent Terata herein, die Farbe aus seinem Gesicht gewichen, und rief: „Schauen Sie bitte sofort ins Fernsehen!".

Über das Fernsehen kamen die Bilder vom explodierenden Reaktorblock 1 herein.

Mir fehlten die Worte. Shimomura fragte Madarame, „Was ist das? Ist das nicht eine Explosion?" Madarame schlug beide Hände vors Gesicht.

Das hier hatte nichts mit weißem Rauch oder ähnlichem zu tun; für alle Welt sichtbar handelte es sich um eine Explosion.

Fukuyama richtete an Madarame die Frage: „Ist das eine Explosion wie in Tschernobyl? Wie ist das wohl?"

Wie wir hinterher erfahren haben, trug sich die Explosion um 15.36 Uhr zu und wurde zuerst von einem regionalen privaten Sender übertragen. Nihon TV, das zur gleichen Gruppe gehört, sendete sie dann im ganzen Land um 16.50 Uhr. Was ich im Fernsehen sah, waren die Bilder von Nihon TV. Das bedeutet, auch über eine Stunde nach der Explosion kamen weder von TEPCO noch von der Atomaufsichtsbehörde irgendwelche Informationen in mein Umfeld. Auch Nihon TV, das das Material vom Gruppensender aus Fukushima erhalten hatte, benötigte einige Zeit für die Bearbeitung und konnte nicht früher senden.

Ich wies meinen Stabsleiter an, unverzüglich Informationen zu besorgen.

Trotz der Fernsehübertragung kam weder von TEPCO noch von der Atomaufsichtsbehörde irgendein Bericht. Der Zeitpunkt für die Pressekonferenz von Kabinettssekretär Edano rückte näher. Die Explosion von Reaktorblock 1 war eine dem gesamten Land, nein, der gesamten Welt bekannte Tatsache. Aber wir, die wir es der Bevölkerung erklären sollten, verfügten über keinerlei Informationen. Die Pressekonferenz zu verschieben hätte jedoch die Verunsicherung der Bevölkerung nur noch weiter vergrößert. „Ich werde die Pressekonferenz abhalten", sagte Edano, worauf ich „o.k., machen Sie es", erwiderte.

In dieser Pressekonferenz sprach Edano als Notlösung von einem „Ereignis wie eine Explosion" und wurde dafür kritisiert. Solange aber weder von TEPCO noch von der Atomaufsichtsbehörde ein formaler Bericht über eine „Explosion" vorlag, konnten wir als Notfallzentrale der Regierung keine Klassifizierung als „Explosion" vornehmen.

Warum die Erweiterung der Evakuierungszone in Stufen vorgenommen wurde

Bereits um 5.45 Uhr wurde die Evakuierungszone um Fukushima Daiichi auf 10 km festgelegt, und für Fukushima Daini wurde um 7.45 Uhr, als ich mich in der Anlage Daiichi befand, eine Zone von 3 km eingerichtet, während für den Umkreis von 3–10 km die Aufforderung erging, die Häuser nicht zu verlassen. Um 17.39 Uhr wurde auch für Fukushima Daini die Evakuierungszone auf 10 km erweitert. Das geschah in Hinblick darauf, dass es wie in der Anlage Daiichi auch in der Anlage Daini zu Explosionen kommen konnte.

Auch die Erweiterung der Evakuierungszone wurde in der Pressekonferenz von Edano angekündigt.

Nach einiger Zeit kam der Bericht herein, dass nicht der Sicherheitsbehälter von Reaktor 1, sondern das Reaktorgebäude explodiert war. Es handelte sich nicht um eine Nuklear-, sondern um eine Wasserstoffexplosion.

Ich wandte mich an Madarame und fragte: „Hatten Sie nicht gesagt, eine Wasserstoffexplosion würde nicht geschehen?" „Nein, dass es keine Wasserstoffexplosion gäbe, bezog sich auf den Sicherheitsbehälter, nicht auf das Reaktorgebäude", war darauf ungefähr seine Antwort.

Der stellvertretende Kabinettssekretär hat später das Buch „Die Atomkrise – Zeugnisse aus dem Premierministeramt" veröffentlicht[*]. Danach hatte Madarame eingeräumt: „Meine Gedanken waren vollständig auf den Sicherheitsbehälter fixiert. Ich hatte überhaupt nicht daran gedacht, dass Wasserstoff in das Gebäude entweichen und dort explodieren könnte."

Um 18.25 Uhr wurde der Radius der Evakuierungszone um die Atomanlage Fukushima Daiichi auf 20 km erweitert. Denn zu dem Zeitpunkt herrschte immer noch Unklarheit über die Ursache für die Explosion von Reaktorblock 1, und auch die Reaktoren 2 und 3 waren in Gefahr.

Schon damals wurde diese schrittweise Erweiterung der Evakuierungszone kritisiert. Ein dreifach vergrößerter Radius bedeutet jedoch eine neunfache Vergrößerung der Fläche. In unserem Fall wohnten 5.862 Menschen im Umkreis von 3 km um Fukushima Daiichi, im Umkreis von 10 km mehr als 50.000 Menschen, und im Umkreis von 20 km waren über 170.000 Menschen betroffen.

Hätte man von Anfang an eine 10 km Zone eingerichtet, und hätten sich dann alle gleichzeitig in Bewegung gesetzt, wäre die Wahrscheinlichkeit hoch gewesen, dass die Menschen nahe der Atomanlage nur verspätet flüchten konnten. In diesem Fall besteht nur die Möglichkeit, zuerst die Menschen im gefährlichsten Gebiet von 3 km zu evakuieren, und sobald dieses erledigt ist, die Zone auf 10 km zu erweitern, um nach deren Räumung eine Ausdehnung auf 20 km vorzunehmen. Dennoch hat diese Methode zu einigem Chaos geführt, was kritisch reflektiert werden muss. So mussten etwa Menschen von einem Zufluchtsort aus ein zweites Mal evakuiert werden, was deren Belastungen vervielfacht hat.

Seit dieser Zeit fing ich an, vage darüber nachzudenken, wie weit denn wohl die Evakuierungszone erweitert werden müsste, wenn es so weitergeht. Es beunruhigte mich, dass die Reaktoren 1–4 direkt aneinander grenzten, wie aus den Gesamtaufnahmen von Fukushima Daiichi ersichtlich war. Jedes der Gebäude war ziemlich groß, so dass man nicht den Eindruck der Überkonzentration hatte, aber weil

---

[*] Chikuma Shinsho Verlag (Japan)

sie eben groß waren, hatte ich das Gefühl, sie ständen zu dicht beieinander.

Wenn nun etwa in Reaktor 1 schließlich die Kernschmelze einsetzte und eine hohe Dosis an radioaktivem Material in die Außenwelt gelangte, konnte es bei Verkettung unglücklicher Umstände dazu kommen, dass eine Annäherung nicht nur an diesen Ort nicht mehr möglich wäre, sondern auch nicht an den benachbarten Reaktor 2 und bald ebenso an die Reaktoren 3 und 4.

In Fukushima Daiichi alleine gab es sechs Reaktoren. Jedem davon war ein Abklingbecken zugeordnet, und es gab auch noch ein Becken zur gemeinsamen Nutzung, also insgesamt sieben. War es nicht möglich, dass aufgrund dieser Menge an abgebranntem Brennstoff die Evakuierungszone bis nach Tokio ausgedehnt werden müsste? Wenn das der Fall wäre, mein Gott, was für eine Operation wäre das? Grob gesprochen lebten in Ost-Japan unter Einschluss des Hauptstadtgebiets mit 30 Mio. Einwohnern 50 Mio. Menschen. Auch wenn es möglich wäre, 50 Mio. Menschen zu evakuieren, könnte Japan dann als Nation überleben?

In meinem Hinterkopf machte sich der Gedanke an das „Worst-Case-Szenario" breit.

Die Wahrheit über die Meerwasserflutung

Nach der Explosion des Reaktorgebäudes schlug Madarame vor, den Reaktor mit Meerwasser zu fluten. Weil später dazu auch im Parlament die Frage aufgeworfen wurde, ob ich denn nicht die Einleitung mit Meerwasser gestoppt habe, möchte ich mich hier ausführlich dazu äußern.

Um es gleich vorweg zu sagen, weder ich noch ein anderer Politiker aus dem Premierministeramt haben die Anweisung erteilt, die Einleitung von Meerwasser zu unterbrechen. Wir haben vielmehr angeordnet, die Operation schnell durchzuführen.

Ab kurz vor 18.00 Uhr saß ich mit Minister Kaiëda, Madarame, Leuten von der Atomaufsichtsbehörde sowie TEPCO-Ingenieur Takekuro zur Beratung zusammen. Die Experten waren sich einig, dass man Meerwasser zur Kühlung einsetzen musste, wenn kein Frischwasser mehr zur Verfügung stand.

Von mir gab es keine Einwände, aber ich habe einige Fragen dazu gestellt. Weil wir ja bereits die Wasserstoffexplosion erlebt hatten, die es eigentlich gar nicht geben sollte, wollte ich einige Punkte geklärt wissen. So etwa, ob es beim Einleiten von Meerwasser aufgrund des Salzgehaltes zur Korrosion des Reaktors kommen konnte. Weiterhin sorgte ich mich um die Rekritikalität. Von Rekritikalität spricht man, wenn geschmolzener Brennstoff über eine gewisse Größe hinaus verklumpt und dann die Kettenreaktion wieder einsetzt. Ob das geschehen kann, hängt von der Menge und Form des geschmolzenen Brennstoffs ab. Daher stellte ich auch zur Rekritikalität eine Frage, worauf Madarame antwortete: „Unmöglich ist es nicht". Diese Aussage interpretierte ich damals so, dass die Gefahr einer Rekritikalität bestände.

Ich sagte darauf: „Wenn es bis zur Einleitung von Meerwasser noch zwei Stunden dauert, prüfen Sie in der Zwischenzeit bitte den Einfluss des Salzes und die Möglichkeit der Rekritikalität. Falls dazu die Gefahr besteht, prüfen Sie bitte auch die Einleitung von Borsäure, die Neutronen absorbiert und damit diese Gefahr mindern kann." Anschließend verließ ich die Sitzung.

Mit keinem Wort hatte ich angeordnet, mit der Flutung zu warten oder diese zu unterbrechen. Ich hatte lediglich die Anweisung an Madarame und an die Nukleare Sicherheitskommission gegeben, während der notwendigen zweistündigen Vorbereitungszeit verschiedene Aspekte zu bedenken. Ich hatte auch nicht gefragt: „Wenn mit Meerwasser geflutet wird, werden wir dann nicht Rekritikalität erreichen?" Ich hatte darum gebeten, zwei ganz getrennte Dinge zu überprüfen, nämlich zum einen: „Wenn mit Meerwasser geflutet wird, kann es aufgrund des Salzes zu Erosionen kommen?", und zum anderen, „ob Rekritikalität erreicht werden kann, und welche Maßnahmen dagegen ergriffen werden können." Das ist verzerrt dargestellt worden.

Wie sich später herausgestellt hat, wurde mit der Meerwasserflutung um 19.04 Uhr begonnen. Das wurde mir nicht berichtet. Wie ebenfalls später bekannt wurde, hat TEPCO-Ingenieur Takekuro Werksleiter Yoshida angerufen, um die von mir aufgeworfenen Fragen zu erörtern. Da hörte er, dass die Meerwasserflutung bereits begonnen habe, worauf er sagte: „Der Premierminister hat sein Einverständnis dafür noch nicht gegeben, warten Sie bitte!" Weiter hat er sich mit der TEPCO-Zentrale in Verbindung gesetzt, so dass auch von dort die Anweisung an Yoshida erging, den Prozess zu unterbrechen. Yoshida für seinen Teil tat so, als würde er die Anweisung befolgen, fuhr aber mit der Einleitung des Wassers fort.

Von all diesen TEPCO-Aktivitäten wusste ich nichts. Um 19.40 Uhr kam mein Assistent Hosono mit den Messdaten zur radioaktiven Belastung um Fukushima Daiichi auf mich zu. Die Belastung war unmittelbar nach der Explosion am größten, verringerte sich aber anschließend. Das deutete darauf hin, dass wir es nicht mit einer Nuklear-, sondern mit einer Wasserstoffexplosion zu tun hatten. Der Worst-Case war offenbar nicht eingetreten.

Anschließend gab es wieder eine Sitzung, um über die Meerwasserflutung final zu befinden. Es wurden Erklärungen wie „durch die Einleitung von Borsäure kann die Rekritikalität verhindert werden", abgegeben. Nicht informiert wurde ich über die Tatsache, dass die Meerwasserflutung bereits unterwegs war, und so wurde diese von mir um 19.55 Uhr angeordnet. Um es zu wiederholen, der Prozess war zu dem Zeitpunkt schon seit 50 Minuten im Gange.

Spätere Untersuchungen brachten jedoch hervor, dass die Kernschmelze bereits am Vortag (den 11.) um 20.00 Uhr eingesetzt hatte.

Eine beispiellose nationale Katastrophe – Ansprache an die Bevölkerung

Weil wir uns anderthalb Tage nach dem Großen Erdbeben auf eine beispiellose nationale Katastrophe zubewegten, die das Nachkriegsjapan noch nicht erlebt hatte, wandte ich mich um 20.30 Uhr an die Bevölkerung.

Dabei habe ich zunächst angeführt, dass wir mit allen Kräften für die Rettung von Menschenleben vor den Schäden der Tsunami kämpfen wollen. Dann habe ich über die Evakuierungsaufforderung aufgrund der „neuen Sachlage" gesprochen. Schließlich habe ich dazu aufgerufen, dass die gesamte Bevölkerung zur Überwindung der Katastrophe zusammenstehen soll.

Die wichtigsten Punkte möchte ich hier rekapitulieren:

„…Heute Morgen um 6.00 Uhr habe ich mit einem Hubschrauber der Selbstverteidigungsstreitkräfte das Krisengebiet inspiziert. Ich habe mich zunächst in die Atomanlage Fukushima Daiichi begeben, und mir von den Verantwortlichen dort die Lage genau erläutern lassen.

Vom Hubschrauber aus konnte ich mir dann auch Gebiete wie Sendai und Ishinomaki genau ansehen. Dieses Erdbeben wurde von einer großen Tsunami begleitet, und diese Inspektionsreise hat mir verdeutlicht, zu welch gewaltigen Schäden das geführt hat. Zunächst müssen wir alle Kräfte aufbieten, um Menschenleben zu retten; gestern, heute und morgen geht es zuallererst um die Rettung von Menschen. Die Selbstverteidigungsstreitkräfte haben die Anzahl der entsandten Truppen von anfangs 20.000 auf 50.000 Mann erhöht. Gerade zuvor habe ich auch mit Verteidigungsminister Kitazawa gesprochen und ihn gebeten, weitere Truppen aus dem ganzen Land zu mobilisieren. Das wird gerade geprüft. Möglichst viele Menschen zu retten, hat zunächst allerhöchste Priorität, dafür werden wir alles tun, besonders heute, morgen und übermorgen.

Bereits jetzt haben viele Menschen die Katastrophensammelstellen erreicht. Wie werden alle Anstrengungen unternehmen, damit möglichst schnell Essen, Wasser, und weil es sehr kalt ist, Decken und Heizkörper sowie Einrichtungen wie Toiletten zur Verfügung stehen. Wir hoffen, dass auf diese Weise alle Betroffenen sehr bald die Schwierigkeiten überwinden können.

Viele Menschen machen sich auch Sorgen um die Situation in den Atomkraftwerken Fukushima Daiichi und Daini. Wenn eine Atomanlage ausfällt, greifen normalerweise diverse Notfallsysteme. Die Höhe der Tsunami bei diesem Erdbeben hat jedoch alle Vorhersagen bei weitem übertroffen, so dass Probleme bei den Notfallsystemen aufgetreten sind. Alle hier von uns eingeleiteten Maßnahmen sollen als erstes die Sicherheit der Bevölkerung gewährleisten.

Weiterhin ist besonders für den Reaktor 1 von Fukushima Daiichi eine neue Situation eingetreten. Dazu wird Ihnen gleich der Kabinettssekretär nähere Erläuterungen geben. Wir hatten bereits alle Menschen, die im Umkreis von 10 km wohnen, gebeten, die Zone zu verlassen. Aufgrund der neuen Situation müssen wir nun alle Menschen im Umkreis von 20 km um das Atomkraftwerk Fukushima Daiichi bitten, das Gebiet zu verlassen. Durch diese und andere Maßnahmen wollen wir sicherstellen, dass es für niemanden in der Bevölkerung zu gesundheitlichen Schäden kommt. Liebe Mitbürgerinnen und Mitbürger, ich bitte Sie von Herzen, auf die Ankündigungen der Regierung und in den Medien zu achten, und alle Aktionen mit Gelassenheit anzugehen.

…

Liebe Mitbürgerinnen und Mitbürger, lassen Sie uns diese wirklich beispiellose Erdbebenkatastrophe durch die Kraft jedes Einzelnen sowie die dadurch gestützten gemeinsamen Anstrengungen von Regierung und allen anderen Organisationen überwinden. Lassen Sie uns jeder nach seinen Möglichkeiten ein Japan bauen, von dem wir einst sagen können, dass dessen Essenz aus der Überwindung dieser Schwierigkeiten geboren wurde. Darum bitte ich Sie, und ich verspreche Ihnen, dass auch ich mich dieser Aufgabe mit all meiner Kraft und mit Leib und Seele hingeben werde."

Um 21.34 Uhr wurde eine gemeinsame Sitzung der Zentrale zur Bekämpfung eines dringenden Notfalls und der Zentrale zur Bekämpfung eines Atomunfalls eröffnet.

Die Rettungsarbeiten für die durch das Erdbeben in Not geratenen Menschen waren ebenfalls ein schwerwiegendes Problem. Hilfen für die Katastrophensammelstellen waren dringend erforderlich. In einigen Gemeinden waren auch die Rathäuser zerstört oder weggespült worden und die Bürgermeister und Beamten unter den Opfern, so dass deren Lage völlig unklar war. Ein Gesamtbild über die Schäden dieses beispiellosen Unglücks war nicht gegeben.

Die wichtigste politische Entscheidung, die der Premierminister für die Katastrophenbekämpfung zu treffen hat, ist die Entsendung der Selbstverteidigungsstreitkräfte. Diesbezüglich gab es keine Zweifel. Gleich nach dem Erdbeben habe ich von Verteidigungsminister Kitazawa den Einsatz der größtmöglichen Anzahl von Truppen gefordert. Sofort standen 20.000 Personen zur Verfügung, und am Ende wurden 100.000 von insgesamt 240.000 Soldaten der Selbstverteidigungsstreitkräfte mobilisiert. Auch Verteidigungsminister Kitazawa hat am 14. das Katastrophengebiet per Hubschrauber inspiziert. In seinem Buch „Warum Japan die Selbstverteidigungsstreitkräfte braucht"[*] schrieb er später darüber, dass die ungeheuerliche Gewalt der Tsunami seine Vorstellungen übertroffen hätte, und dass es gut war, 100.000 Mann zu entsenden.

Die Einholung einer zweiten Meinung

Das Amt des Premierministers ist eigentlich keine ausführende Arbeit. Die wichtigsten Aufgaben sind „Nachdenken" und „Entscheiden".

Zu der Zeit kreise der größte Teil meiner Gedanken darum, wie weit sich der Atomunfall ausdehnen könnte, und an welcher Stelle man der Sache Einhalt gebieten konnte.

Nach Ende der Sitzung der Notfallzentralen kam Hibino Yasushi, ein Kommilitone aus meiner Zeit bei der Technischen Hochschule Tokio, ins Premierministeramt. Seit dem Vortag hatten wir versucht,

---

[*] Kadokawa Shoten Verlag (Japan)

Kontakt aufzunehmen. Endlich war es gelungen, und ich hatte ihn dringend um seinen Besuch gebeten.

Gleich nach dem Auftreten des Atomunfalls kam der Wunsch in mir auf, nicht nur die Ansichten der Atomaufsichtsbehörde und anderer eigentlich für die Unfallbekämpfung zuständiger Behörden zu hören, sondern auch eine zweite Meinung von externen Experten einzuholen. Glücklicherweise gab es an meiner alten Universität, der Technischen Hochschule Tokio, auch ein Forschungsinstitut über Atomenergie mit vielen Experten auf diesem Gebiet. Ob es unter meinen guten Freunden aus der Zeit einen Nuklearexperten gab, fiel mir nicht sogleich ein, aber wenn man den Kreis auf die Freunde der Freunde erweiterte, mussten sich darunter Fachleute befinden. Ich wollte einen Expertenrat zusammenstellen, der eine zweite Meinung abgibt.

Daher habe ich Kontakt zu Hibino aufgenommen, der zu einem Ehemaligentreffen gekommen war, das die Technische Hochschule Tokio zufällig einige Tage zuvor für mich veranstaltet hatte. Hibinos Fachgebiet ist die Elektrotechnik. Zuerst arbeitete er lange im Forschungsbereich von NTT, bevor er in die akademische Welt wechselte und Vize-Präsident des Japan Advanced Institute of Science and Technology (JAIST) wurde. Seit der Studienzeit zeichnete er sich durch seine gelassene Art und sein breites wissenschaftlich-technisches Wissen aus. Seit damals konnte man sich auf ihn verlassen. Weil im März seine Pensionierung von der Universität anstand, hatte ich ihn auch als Kabinettsberater für Wissenschaftsfragen angefragt. Danach traten noch Aritomi Masanori, der Leiter des Instituts für Nuklearreaktorkonstruktion, und Professor Saitō Masaki von der Technischen Hochschule Tokio dem Beraterteam bei. Weiterhin habe ich mich auch mit Ōmae Kenichi[*] im Premierministeramt unterhalten und seine Mitwirkung als Berater sondiert. Das kam jedoch nicht zustande. Seine Antwort war: „Ich wünsche keine Position, die mich zur Geheimhaltung verpflichtet. Persönlich kooperiere ich gerne."

Die meisten Informationen der offiziellen Behörden beruhten auf Ergebnissen von Beratungen der Verantwortlichen. Persönliche Meinungen waren es nicht. In dem Maße dauerte der Prozess auch lange und führte leicht zu unklaren Aussagen. Demgegenüber waren die Äußerungen der beratenden Experten persönlich und schnell. Das war äußerst wertvoll und hilfreich.

---

[*] Ōmae Kenichi ist ein prominenter Autor zu wirtschafts- und gesellschaftspolitischen Themen (A.d.Ü.).

13. März, Sonntag

Die Nächte im Premierministeramt

Während meiner Amtszeit als Premierminister diente mir die sich auf dem Gelände des Premierministeramtes befindliche „Residenz" als Wohnung. Dabei handelt es sich um das verlegte und renovierte frühere Premierministeramt, und dort lebte ich zu dritt mit meiner 89 Jahre alten Mutter und meiner Frau. Von der Residenz bis zum Eingang des Premierministeramtes sind es 110 Schritte, aber ich hatte nur wenige Gelegenheiten, diese Strecke mit meinen eigenen Füßen zurückzulegen. Sich zu Fuß zu bewegen ist dem Premierminister so gut wie nicht erlaubt. „Nicht erlaubt" mag eine merkwürdige Ausdrucksweise sein, aber der Personenschutz fordert den Transport mit dem Auto. Seit jeher ist Premierminister ein Amt, wo sich der Amtsinhaber nur selten selbst in Bewegung setzt, um jemanden zu treffen. Soll ein Gespräch stattfinden, steht dafür das Premierministeramt zur Verfügung. Der einzige Ort, den der Premierminister draußen üblicherweise aufsucht, ist das Parlament. Obwohl es sich wirklich direkt vor der Nase befindet, wird der Weg dorthin normalerweise mit dem Dienstwagen zurückgelegt.

Da die Residenz und das Premierministeramt nahe beieinanderliegen, kann man bei irgendwelchen Notfällen innerhalb weniger Minuten zur Stelle sein. Bis der Atomunfall unter Kontrolle war, bin ich jedoch nicht in die Residenz zurückgekehrt, sondern habe auf einem Sofa in einem Empfangszimmer im Arbeitsbereich des Premierministeramtes geschlafen. Kabinettssekretär Edano und seine Leute dürften in diesen Tagen ebenfalls kaum ein Auge zugemacht haben.

Auch in der Nacht vom 12. auf den 13. hatte ich mich im Premierministeramt zur Ruhe gelegt. Es war ein wahrlich sehr flacher Schlaf. Um 8.00 Uhr morgens brachte mir Edano einen Bericht. Zum Morgen hin war Reaktor 3 in eine kritische Lage geraten. Bei Tagesanbruch um 5.00 Uhr waren das interne Notkühlaggregat und die damit verbundene Wassereinspeisung, die bis dahin noch irgendwie funktioniert hatten, ausgefallen. So hatte TEPCO auch für den Reaktor 3 ein Ereignis nach Paragraph 15 des Atomunfallgesetzes gemeldet. Die Meldung vom 11. hatte sich auf die Reaktoren 1 und 2 bezogen, da zu dem Zeitpunkt das Notkühlaggregat von Reaktor 3 noch arbeitete. Da jedoch die Wasserzuführung durch das interne Notkühlaggregat ausgefallen war, verdampfte das Wasser im Reaktor und er erhitzte sich. „Kernschmelze morgens nach 8.00 Uhr" und „Vorausschau" war dem Bericht zu entnehmen.

Kurz vor 9.30 Uhr meldete Edano dann, dass das Venting für Reaktor 3 erfolgreich verlaufen sei. Der Druckabfall sei bestätigt worden.

Die Hilfsgüter von Tōshiba treffen nicht ein

Um kurz nach 11.00 Uhr traf Sasaki Norio, der Vorstandsvorsitzende von Tōshiba, ein. Ich hatte ihn einbestellt, um seine Kooperation bei der Eindämmung des Unfalls einzufordern, denn am Vorabend hatte mich Hibino vom Expertenrat darauf hingewiesen, dass die Hersteller der Reaktoren über ein großes Know-how verfügten. Weiterhin sei Sasaki ein Experte in Atomenergie. Ohne Umschweife hörte ich mir seine Erläuterungen an.

Von den sechs Reaktoren der Atomanlage Fukushima Daiichi stammten vier von Tōshiba, nämlich Nr. 2, Nr. 3, Nr. 5 und Nr. 6. Zwei davon, nämlich Nr. 2 und Nr. 6, waren in Zusammenarbeit mit dem amerikanischen Unternehmen General Electric (GE) gebaut worden. Hersteller von Nr. 1 war GE alleine und von Nr. 4 Hitachi.

Ich fragte Sasaki nach seiner Einschätzung und er antwortete sofort: „Auch für die Reaktorblöcke 2 und 3 besteht die Gefahr einer Wasserstoffexplosion." Auf meine Frage: „Kann der Wasserstoff nicht entweichen, wenn man Löcher in das Dach bohrt?", gab er sofort zurück: „Dabei besteht dann die Gefahr einer Explosion durch Funkenschlag; man sollte daher die Bohrungen mit Hochdruckwasserstrahlen durchführen". Diese prompten Antworten standen für einen ganz anderen Dialog als den bisher mit der TEPCO-Zentrale und der Atomaufsichtsbehörde geführten.

Ich bat Sasaki, alles Erforderliche zu unternehmen. Darauf antwortete er in etwa:

„Für das Atomkraftwerk in Fukushima haben wir bereits Hochspannungskabel, Niederspannungskabel, provisorische Sicherungskästen, Tauchpumpen und anderes wohl notwendiges Gerät aus dem ganzen Land besorgt. Ein Teil davon ist auch schon im J-Village[12] eingetroffen, aber ab dort sind die Straßen gesperrt, bis in die Atomanlage können wir es nicht transportieren."

Sicherlich waren die Einfahrten in die Evakuierungszone gesperrt. Und dass die Polizei die Autos anhält, ist zunächst richtig.

Aber wenn der Sachverhalt von TEPCO an die Atomaufsichtsbehörde und von der Atomaufsichtsbehörde an die Notfallzentrale übermittelt würde, wäre das im Nu zu lösen. Ein Streifenwagen würde vorfahren und die Durchfahrt sichern. Vom Kabinett wurde die Notfallzentrale eingerichtet, um alle Organisationen des Landes, die Polizei und die Selbstverteidigungsstreitkräfte eingeschlossen, in die Schlacht zu führen. Aber es funktionierte nicht.

Ich rief sofort meinen Stabsleiter und veranlasste, dass die Fahrzeuge von Tōshiba passieren konnten.

Irgendwelche ausführenden Arbeiten waren nicht Teil meiner Stellenbeschreibung. Meine Aufgabe war es, abschließende Entscheidungen zu treffen. Aber es gab keine Berichte und auch keine Vorschläge. Die Sachlage war intransparent. Aufgrund irgendwelcher Umstände direkt von außen hereinkommende Informationen vermittelten auf einmal das ganze Bild.

Die Asahi Zeitung bestätigte in ihrer Ausgabe vom 05.09.2012, dass die Logistik von TEPCO nicht funktionstüchtig war. Dort hieß es: „TEPCO verschlimmerte die Situation dadurch, dass sie sich mit der Bereitstellung von leistungsfähigen Löschfahrzeugen, von Fahrern, die diese auch bedienen konnten, von Batterien und Treibstoffen und von anderen Materialien am Unfallort verspäteten. Einmal reichte sogar das Bargeld zum Einkauf der Materialien nicht. Hätte die Bereitstellung von Menschen und Materialien funktioniert, hätte die Kernschmelze in den Reaktoren 2 und 3 möglicherweise aufgehalten werden können. Die Asahi Zeitung hat dies durch die Auswertung von TEPCO Videokonferenzen ermitteln können."

Als ich das gelesen hatte, kamen mir die Worte von Werksleiter Yoshida in den Sinn: „Gebt mir Waffen!" Ich weiß nicht genau, zu welchem Zeitpunkt es war, aber ich habe in Erinnerung, dass die Worte gefallen sind, als mein Assistent Hosono während einer angespannten Situation im Werk mit Yoshida telefonierte. In der Asahi Zeitung hieß es weiter: „In dem vom Unfall heimgesuchten TEPCO-Fukushima Atomkraftwerk trafen zur Bekämpfung des Unfalls unabdingbare Dinge – Wasser, leichtes Öl, Benzin, Batterien, Löschfahrzeuge – einfach nicht rechtzeitig ein. Vor allem kamen dann sowohl die Fahrer der Löschfahrzeuge als auch das Bedienpersonal für das schwere Gerät von Auftragsunternehmen, denen man keine Anweisungen wie den eigenen Mitarbeitern erteilen konnte."

Die Waffen erreichten den an vorderster Front kämpfenden Yoshida nicht.

Erstes Treffen mit dem TEPCO-Chef

Um 13.00 Uhr erschien auf Vermittlung von Hibino Professor Shimada Ryūichi, der Leiter des Forschungsinstituts für Nuklearreaktorkonstruktion an der Technischen Hochschule Tokio. Ich erläuterte ihm, was seit dem 11. geschehen war und erbat die Unterstützung der Hochschule. Shimada stimmte breitwillig zu. „Ich werde eine Gruppe von Nuklearexperten zusammenstellen", erklärte er und begab sich gleich zurück. Der Expertenrat für die „zweite Meinung" war auf gutem Wege. Da ich auch den Präsidenten der Hochschule, Iga Kenichi, gut kannte, rief ich ihn an und versicherte mich seiner Rückendeckung.

Nachdem Shimada uns verlassen hatte, traf ich um 13.45 Uhr zum ersten Mal Shimizu, den Vorstandsvorsitzenden von TEPCO. Am Tag des Unfalls hatte sich Shimizu im Kansai aufgehalten. Weil sich zu dem Zeitpunkt der Aufsichtsratsvorsitzende, Katsumata Tsunehisa, gerade auf einer Dienstreise in China befand, waren die beiden Spitzenleute von TEPCO nicht anwesend gewesen.

Ab 15.30 Uhr gab es eine Reihe von Einzeltreffen mit den Vorsitzenden von jeder Partei und eine Reihe von Telefonaten mit den Staats- oder Regierungschefs verschiedener Länder, u.a. mit Lee Myung-bak, dem Präsidenten von Südkorea, und mit der australischen Premierministerin Gillard.

Die Meteorologische Behörde gab bekannt, dass das Erdbeben am 11. eine Magnitude von 9.0 aufwies. Das war eine Korrektur nach oben von der ursprünglich angegebenen Stärke von 8,8. Durch dieses Erdbeben wurde also ungefähr 45mal so viel Energie freigesetzt wie beim Großen Kantō Erdbeben[*] und ungefähr 1.450mal so viel wie beim Erdbeben von Kōbe. Es war von mehreren 10.000 Opfern auszugehen. Selbstverteidigungsstreitkräfte, Polizei und Feuerwehr waren im laufenden Rettungs- und Sucheinsatz, aber die Lage war schwierig. Es kamen auch Beschwerden auf, dass Hilfsgüter die Katastrophensammelstellen nicht erreichen würden. Alle Regierungsstellen taten ihr Möglichstes, aber es reichte nicht bis an jeden Ort.

---

[*] Das Erdbeben zerstörte am 1. September 1923 große Teile des Großraums Tokio und forderte über 140.000 Todesopfer (A.d.Ü.).

Der Überfall mit den geplanten Stromabschaltungen

Am Nachmittag dieses Tages tauchte ein anderes großes Problem auf. Das Erdbeben hatte sich am 11.3., einem Freitag, ereignet. Die beiden nächsten Tage waren also Wochenende, und viele Unternehmen und Geschäfte hatten geschlossen. Am Montag würden jedoch in Tokio, wo es kaum Schäden gegeben hatte, die Geschäfte normal wieder aufgenommen werden. Weil aber die Kernkraftwerke und ein Teil der konventionellen Kraftwerke durch Erdbeben und Tsunami stillgelegt waren, drohte im Gebiet von TEPCO eine weitreichende Unterversorgung mit Strom. Wenn die Nachfrage das Angebot übertrifft, kann es leicht zu massiven Blackouts kommen. Um das zu verhindern, so die Aussage von TEPCO, könne man nur mit geplanten Stromabschaltungen arbeiten.

Durch die massive Intervention von Kabinettssekretär Edano und seinem Stellvertreter Fukuyama bei TEPCO konnte der ursprüngliche Plan dazu modifiziert werden. Dennoch wurden viele Bürger und Unternehmen erheblich belastet.

Als Reaktion auf diese geplanten Stromabschaltungen habe ich die Staatsministerin für Verwaltungsreform, Renhō, zur Staatsministerin für Energieeffizienz ernannt. Weiterhin habe ich die Parlamentsabgeordnete Tsujimoto Kiyomi dafür gewinnen können, als meine Assistentin für den Freiwilligendienst bei der Katastrophenhilfe zu fungieren.

Mit diesen Vorbereitungen begab ich mich um 19.49 Uhr in die Pressekonferenz:

„Wir sind nun am dritten Abend nach dem Erdbeben. Allen Betroffenen möchte ich von ganzem Herzen mein Mitgefühl aussprechen. Weiterhin möchte ich allen Bürgerinnen und Bürgern, vor allem denen im Katastrophengebiet, dafür danken und meinen tiefen Respekt aussprechen, dass sie in dieser außerordentlich schwierigen Lage die Ruhe bewahren und mit Gelassenheit handeln. Wie gestern haben wir auch heute den ganzen Tag alle Kräfte darauf konzentriert, Menschenleben zu retten. Bisher konnten durch den Einsatz von Selbstverteidigungsstreitkräften, Polizei, Feuerwehr, Küstenwache und auch die Hilfen aus dem Ausland ungefähr 12.000 Menschen gerettet werden.

Lassen Sie mich Ihnen den heutigen Rettungseinsatz noch etwas genauer beschreiben. Die Selbstverteidigungsstreitkräfte zu Lande, zu Wasser und in der Luft haben 50.000 Leute entsandt, und die Vorbereitungen, diese Zahl auf 100.000 zu erhöhen, laufen. Es sind über 2.500 Polizisten aus dem ganzen Land in das Katastrophengebiet vorgedrungen. Von den Feuerwehren und den Rettungsdiensten beteiligen sich mehr als 1.100 Personen. Schließlich sind über 200 medizinische Notfallteams im Krisengebiet unterwegs. Da der Transport von Nahrungsmitteln, Wasser, Decken und anderen Hilfsgütern über Land vielfachen Behinderungen unterliegt, überprüfen wir mit Hochdruck alternative Routen durch die Luft und über Wasser. Wir haben schließlich den Notstand ausgerufen und erwägen zusätzliche gesetzliche Maßnahmen.

Unter diesen Umständen kann auch für die Lage im Atomkraftwerk Fukushima Daiichi, die von Ihnen allen mit Sorge betrachtet wird, noch keine Entwarnung gegeben werden. Über diesen Punkt wird Sie gleich Kabinettssekretär Edano genau informieren. Ich möchte Sie an dieser Stelle, liebe Mitbürgerinnen und Mitbürger, um Ihr Verständnis und Ihre Kooperation in einer Angelegenheit bitten. Wie Fukushima Daiichi haben auch viele andere Kraftwerke Schäden erlitten. Die Stromversorgungskapazitäten sind daher im Gebiet von TEPCO und von den Tōhoku Elektrizitätswerken erheblich eingeschränkt. Die Regierung hat beide Unternehmen angewiesen, größtmögliche Anstrengungen zu unternehmen, wie etwa von anderen Versorgern Strom zuzukaufen. Weiter haben wir Unternehmen und Haushalte gebeten, sparsam mit Energie umzugehen.

Weil jedoch in nächster Zeit nicht mit einer Wiederherstellung der Kapazitäten zu rechnen ist, wird allein mit diesen Maßnahmen ein Unterangebot nicht zu verhindern sein. Es stände dann zu befürchten, dass es im gesamt Gebiet zu großflächigen Stromausfällen kommt. Da plötzliche Blackouts einen äußerst negativen Einfluss auf das Leben der Menschen und auf die Wirtschaft haben, wollen wir diese Situation unter allen Umständen umgehen.

Ich habe daher TEPCO gegenüber meine Zustimmung gegeben, ab morgen in deren Gebiet planmäßige Stromabschaltungen durchzuführen. Genauere Erläuterungen dazu wird ihnen nachher der Wirtschaftsminister geben. Das war eine bittere Entscheidung, die viele von Ihnen belasten wird. Nicht nur wird der Strom abgeschaltet, sondern es mag auch Einflüsse auf andere Versorgungsleitungen wie die von Gas und Wasser geben. Medizinische und andere Geräte mögen in ihrer Funktion beeinträchtigt werden, und auch andere negative Begleiterscheinungen sind nicht auszuschließen.

Wir müssen den mit den Stromausfällen verbunden Unsicherheiten wirkungsvoll entgegentreten und haben dafür eine entsprechende Regierungskommission gebildet. Wir werden alles Erforderliche unternehmen und Sie informiert halten. Die Stromabschaltungen dienen dazu, ihr Leben möglichst wenig zu beeinträchtigen. Bitte versuchen Sie, sich darauf einzurichten, und bitte haben sie Verständnis dafür.

Ich glaube, dieses Erdbeben, diese Tsunami und die aktuelle Lage im Atomkraftwerk bilden in gewisser Hinsicht die größte Krise in unserer 65jährigen Nachkriegsgeschichte. Wenn für jeden Einzelnen von uns nun die Frage im Raum steht, ob wir Japaner diese Krise meistern können, dann möchte ich darauf antworten, dass wir auch schon früher schwere Notlagen überwunden haben, und dass daraus die heutige friedliche und wohlhabende Gesellschaft erwachsen ist. Auch gegen dieses große Erdbeben und die Tsunami werden wir alle gemeinsam unsere Kräfte bündeln, und wir werden diese Krise hinter uns lassen. Davon bin ich überzeugt.

Lieber Mitbürgerinnen und Mitbürger, ich bitte jede und jeden Einzelnen von Ihnen, die Sache mit dieser Entschlossenheit anzugehen, mit Ihren Familien, Ihren Freunden und Ihren Gemeinden ein enges Band zu knüpfen, diese Krise zu überwinden, und darauf ein noch besseres Japan aufzubauen. Das ist von ganzem Herzen mein Wunsch und meine Bitte an Sie."

Um 22.22 Uhr begann eine Besprechung mit einigen DPJ-Parteikollegen, um unsere Marschroute für das am darauffolgenden Tag angesetzte Treffen aller Parteispitzen von Regierung und Opposition festzulegen. Weil der nächste Tag Montag war, mussten wir entscheiden, wie mit den Parlamentsberatungen zu verfahren ist. Als Kabinett wollten wir die Parlamentsberatungen auf ein Minimum beschränken und auf eine Beratungspause hinwirken, um uns der Bekämpfung der Erdbebenkatastrophe und des Atomunfalls widmen zu können. Zu dem Zeitpunkt war aber der Haushalt noch nicht verabschiedet, und wir wollten den Haushalt und die provisorische Verlängerung einer Steuersatzermäßigung, die bis Ende März befristet war, noch in diesem Geschäftsjahr[*] über die Bühne bringen.

So endete der dritte Tag.

---

[*] Das Geschäftsjahr für den japanischen Staatshaushalt geht vom 1. April bis zum 31. März (A.d.Ü.).

14. März, Montag

Die Explosion von Reaktorblock 3

Es wurde Montag, und der Alltag nahm wieder seinen Lauf. Abgesehen vom Katastrophengebiet und der Hauptstadt und ihrem Umfeld arbeiteten Unternehmen wie Schulen normal. Im Hauptstadtgebiet führten die Stromabschaltungen jedoch zu einigem Durcheinander.

Kurz nach 9.30 Uhr fand eine Sitzung der Notfallzentralen statt. Kurz vor 11.00 Uhr, genau gesagt um 10.56 Uhr, begann eine Unterredung mit dem Vorsitzenden der Kōmeitō Partei, Yamaguchi Natsuo.

Um 11.01 Uhr explodierte das Gebäude von Reaktor 3. Wie im Falle von Reaktorblock 1 war es eine Wasserstoffexplosion. Ich erfuhr davon, als ich zusammen mit Yamaguchi in meinem Arbeitszimmer saß. Mit den Worten „Schauen Sie sich den Fernseher an!" stürmte mein Stabsleiter herein, und sofort schalteten wir das Gerät ein. Die Bilder der vom Fernsehsender in Fukushima installierten Kamera zeigten, wie schwarzer Rauch direkt nach oben ausgestoßen wurde. Die Farbe dieses Rauches besorgte mich, denn bei der Explosion von Reaktorblock 1 war es weißer Rauch gewesen, und diesmal war er schwarz.

Die Explosion von Reaktorblock 3 verschlimmerte die Lage bei den benachbarten Reaktoren 2 und 4. Die Gefahr von mehreren nebeneinanderliegenden Reaktoren wurde mir klar und deutlich vor Augen geführt. Wenn aus einem davon eine große Menge von radioaktivem Material entweicht, kann man sich auch den anderen nicht mehr nähern, und wenn einer davon explodiert, können die Trümmer auch die anderen beschädigen. Als Ergebnis der ganz auf Effizienz ausgerichteten Denkweise, auf einem Gelände mehrere Atomreaktoren direkt nebeneinander zu errichten, gab es im Falle von Fukushima Daiichi sechs Reaktoren. Was würde geschehen, wenn zu allen Sechsen kein Zugang mehr möglich wäre? Das bisher verschwommene Bild des Schreckens gewann zunehmend an Schärfe.

Anders als bei den fünf anderen Reaktoren war bei Reaktor 3 auch Plutonium bei der Energiegewinnung im Einsatz. Normalerweise ist Uran der Brennstoff für die Kernenergie. In Reaktor Nr. 3 wurden jedoch MOX-Brennelemente für die Energieerzeugung verwendet, d.h. dem Uran wurde Plutonium beigemischt, das im Inneren von Atomreaktoren entsteht, und das durch Wiederaufbereitung von abgebrannten Brennstäben gewonnen wird. Bei unserem gestrigen Treffen merkte die Vorsitzende der Sozialdemokratischen Partei noch an: „Achten Sie besonders auf Reaktor 3, dort verwenden sie ein Uran-Plutonium-Gemisch".

Ich veranlasste eine sofortige Zusammenkunft aller Verantwortlichen. Die Atomaufsichtsbehörde berichtete, der Sicherheitsbehälter habe keinen großen Schaden erlitten. Weiterhin seien einige Soldaten der Selbstverteidigungsstreitkräfte und Mitarbeiter von TEPCO bei den Löscharbeiten verwundet worden. Darüber hinaus seien Löschfahrzeuge und Schläuche beschädigt, die Löscharbeiten am Reaktorblock 3 daher unterbrochen worden. Durch die Explosion des Reaktorgebäudes seien schließlich Trümmer umhergeflogen, was die Arbeiten an den benachbarten Reaktoren 2 und 4 beeinträchtigen würde.

Bruchstückhafte Informationen über die Situation vor Ort kamen herein, aber die Ursache der Explosion blieb völlig im Dunkeln.

Bereits seit dem Morgen stieg die Temperatur des Abklingbeckens von Reaktor 4 an. Weiter befand sich auch Reaktor 2 in einer kritischen Lage.

Um 16.24 Uhr traf ich mit Nakanishi Hiroaki, dem Vorstandsvorsitzenden des Herstellers von Nuklearanlagen Hitachi zusammen, um seine Kooperation einzufordern. Hitachi hatte den Reaktor 4 gebaut, wo das Abklingbecken Sorgen bereitete. Nach Tōshiba traf ich somit auch mit dem Verantwortlichen von Hitachi zusammen.

Wie bereits gesagt, besteht Fukushima Daiichi aus sechs Reaktoren. Für Reaktor 1, der im März 1971 in Betrieb ging, war die amerikanische GE der Hauptvertragspartner für die Herstellung. Danach erhöhte sich der Anteil der im Lande gefertigten Teile, so dass Reaktor 2 (Inbetriebnahme im Juli 1974) und Reaktor 6 (März 1979) von Tōshiba und GE gemeinsam im Rahmen einer technischen Zusammenarbeit errichtet wurden. Von Tōshiba alleine schließlich wurden die Reaktoren 3 (März 1976) und 5 (April 1978) gebaut, während Reaktor 4 (Oktober 1978) von Hitachi stammt. Allerdings beruhen auch die von Tōshiba und Hitachi gefertigten Reaktoren auf der Basistechnologie von GE. Reaktor 1 war vollständig in Amerika gebaut worden. Dabei handelte es sich, wie mir hinterher bekannt wurde, um einen Vertrag mit „schlüsselfertiger Übergabe"[13]. Genau wie bei einem Auto lässt sich unter diesen Bedingungen die Anlage bedienen, indem man einfach den „Schlüssel herumdreht". Man hat also ein fertiges Atomkraftwerk eingekauft.

Die Krise um Reaktor 2

Zum Abend hin setzten sich dann die Telefongespräche mit ausländischen Staats- und Regierungschefs fort: Um 17.30 Uhr mit dem russischen Präsidenten Medwedew und um 17.50 Uhr mit Premierminister Key aus Neuseeland. Präsident Medwedew bot humanitäre Hilfe und Unterstützung bei der Sicherstellung von Energieressourcen an. Neuseeland hatte im September 2010 mit einer Magnitude von 7.0 und im Februar 2011 mit einer Magnitude von 6.1 gerade zwei schwere Erdbeben erlebt und befand sich selbst in einer schwierigen Lage. Dennoch kam ein Hilfsangebot.

Nach der Explosion von Reaktorblock 3 wurde klar, dass auch im Reaktor 2 die Lage ernst wurde. Der Druck stieg, und es ließ sich kein Wasser einleiten. Es war, mit anderen Worten, keine Kühlung mehr möglich.

Um es kurz zu erläutern, auch Reaktor 2 war durch Erdbeben und Tsunami wie Nr. 1 und Nr. 3 von der Stromversorgung abgeschnitten worden, aber er verfügte über ein sog. RCIC-Notkühlsystem (reactor core isolation system), das sich manuell betreiben ließ. Dadurch blieb die Wasserzufuhr gewährleistet. Für das Venting hatte daher Reaktor 1 die höchste Priorität. Durch dessen Explosion am Nachmittag des 12. allerdings wurden ein Stromversorgungsfahrzeug und Kabel für den Reaktor 2 beschädigt, so dass diese nicht mehr verwendet werden konnten. Die Explosion von Reaktorblock 3 am 14. um kurz nach 11.00 Uhr führte weiterhin zur Beschädigung und Funktionsunfähigkeit eines Ablassventils am Druckabbaubecken. Diese Explosion beschädigte zudem noch Löschfahrzeuge und Schläuche für die Wasserflutung, so dass diese abgebrochen werden musste. Ein Löschfahrzeug für die Flutung mit Meerwasser schließlich konnte nicht betrieben werden, weil es kein Benzin mehr hatte. Die spätere Analyse ergab, dass die Brennstäbe am 14. ab kurz nach 18.00 Uhr Schaden nahmen.

Weil sich Reaktorblock 2 zwischen den zuvor explodierten Blöcken 1 und 3 befand, wurde er durch beide Explosionen beschädigt; ein Paradebeispiel für die Schrecken ineinander verketteter Unglücksfälle.

In der Phase, als es mit der Meerwasserflutung einfach nicht voran ging, erreichte meinen Assistenten Hosono offenbar ein Anruf von Werksleiter Yoshida. „Das wird wohl nichts mehr", hätte Yoshida gesagt. Als ich das von Hosono hörte, war ich sprachlos. Wenn sich selbst Yoshida so äußerte, ließ das nur den Schluss zu, dass die

Krise sich wirklich zuspitzte. Um 18.22 Uhr war der Wasserstand im Reaktor 2 bei minus 3.700 mm, und die Brennstäbe lagen vollständig frei. Um 22.50 Uhr stieg der Druck im Sicherheitsbehälter von Reaktor 2 auf ein außergewöhnliches Niveau an, was ein Ereignis nach Paragraph 15 des Atomunfallgesetzes auslöste.

Die Reaktorblöcke 1 und 3 waren bereits explodiert, Reaktor 2 konnte nicht mehr gekühlt werden und dessen Brennstäbe lagen frei, während im Abklingbecken des gerade nicht im Betrieb befindlichen Reaktor 4 die Temperatur stieg: Die Verkettung der Unglücksfälle war Wirklichkeit geworden.

Dann erreichte Hosono aber ein Anruf des kurzzeitig resignierten Yoshida: „Wir sind noch nicht am Ende", sagte er. Nachdem sich Benzinmangel als Grund dafür, dass sich Reaktor Nr. 2 nicht mehr von einem Löschfahrzeug fluten ließ, herausgestellt hatte, konnte man doch von irgendwoher Benzin besorgen, das Fahrzeug wieder in Gang setzen und Wasser einleiten.

Als Hosono diesen Anruf erhielt, stand ich gerade neben ihm, und ich übernahm. „Wir machen hier weiter!" hörte ich Yoshidas Entschlossenheit. Die Moral vor Ort war immer noch hoch.

15. März, Dienstag

Ein Rückzug ist unmöglich

Es war der 15. März morgens um 3.00 Uhr, und ich hatte mich auf das Sofa im Empfangszimmer hinten in meinem Arbeitsbereich für einen flüchtigen Schlaf zurückgezogen. Da wurde ich von meinem Stabsleiter geweckt. Minister Kaiëda sei gekommen. Sofort stand ich auf und ging in mein Arbeitsbüro.

Ich erinnere mich daran, dass dort neben Minister Kaiëda Kabinettsekretär Edano, dessen Stellvertreter Fukuyama, meine Assistenten Hosono und Terata und einige weitere Leute versammelt waren. Es herrschte eine gedrückte Stimmung. Zwar war das seit dem Erdbeben immer der Fall, aber diesmal war die Atmosphäre von einer besonders düsteren Schwere durchtränkt.

Minister Kaiëda berichtete: „TEPCO hat den Wunsch geäußert, den Rückzug aus der Atomanlage anzutreten. Was sollen wir machen? Die Lage im Atomkraftwerk scheint verzweifelt."[14] Es wurde zwar nicht deutlich ausgesprochen, aber ich hatte das Gefühl, dass hier die Bedeutung mitschwang, dass ein Rückzug wohl unvermeidlich sei. Meine Antwort darauf lautete wie folgt:

„Versteht ihr eigentlich, was ein Rückzug bedeuten würde? Reaktor 1, Reaktor 2 und Reaktor 3, alle würden durchbrennen! Und dann sind da noch die Abklingbecken! Ein Rückzug würde nicht nur Fukushima und Tōhoku, sondern das gesamte Ost-Japan zerstören! Mag die Lage auch verzweifelt sein, aber wir müssen weitermachen!"

Entschlossenheit

Noch am Vorabend hatten Minister Kaiëda und Kabinettssekretär Edano die Rückzugsforderung von TEPCO abgelehnt. Aber als sich in der Nacht zum 15. die Situation zusehends verschlimmerte, setzte sich offenbar die Ansicht durch, dass der Rückzug wohl unvermeidlich ist. Um 3.00 Uhr morgens dann wollte man die Entscheidung des Premierministers herbeiführen, und so wurde ich gerufen.

Mir war zu dem Zeitpunkt bewusst, dass, wenn der Unfall nicht unter Kontrolle gebracht werden konnte, die Evakuierungszone vermutlich bis zum Hauptstadtgebiet ausgeweitet werden musste. In dem Falle wäre der Fortbestand der japanischen Nation gefährdet. Es musste alles unternommen werden, um die Sache in den Griff zu bekommen, auch wenn es Menschenleben kostete.

Die Philosophie, dass das Leben der Mitarbeiter über alles zu stellen ist, ist in normalen Zeiten richtig. Bei weiteren Operationen würde aufgrund der radioaktiven Belastung die Gesundheit der Mitarbeiter zu Schaden kommen, und ggf. Lebensgefahr bestehen; ich machte mir keine Illusionen über die Unbarmherzigkeit der Lage vor Ort. Aber wenn man die TEPCO-Mitarbeiter evakuieren würde, würde das menschenleere Atomkraftwerk immer weiter große Mengen an radioaktivem Material freisetzen, das dann bald auch Tokio erreichen würde. Auch die Zentrale von TEPCO würde dann in der Evakuierungszone liegen.

Der Schrecken eines Atomunfalls beruht darauf, dass die Zeit hier keinen heilenden Einfluss hat. Im Gegenteil, je mehr Zeit vergeht, desto schlimmer wird die Lage. Bei einem Unfall in einer Chemieanlage brennt alles Brennbare aus, und dann erlischt das Feuer. In einem Atomkraftwerk erlischt das Feuer nicht. Wenn in einer Chemieanlage giftige Stoffe ausgestoßen werden, mag für eine bestimmte Zeit ein gewaltiger Schaden entstehen, aber die Luft verdünnt die Stoffe, so dass diese früher oder später unschädlich werden. Aber bei Radioaktivität ist das nicht der Fall. Die Halbwertzeit von Plutonium beträgt 24.000 Jahre.

Ein Rückzug war keine Alternative.

Nicht, dass es sich irgendjemand gewünscht hatte, aber wir befanden uns bereits im Krieg. Ein Krieg gegen die Atomreaktoren. Ein Krieg gegen die Radioaktivität. Japan drohte von dem unsichtbaren Feind Radioaktivität besetzt zu werden. Wenn man sich in diesem Krieg einmal zurückzog, um die Reihen zu ordnen und anschließend erneut in den Kampf zu ziehen, dann würde sich die Front durch den Ausstoß von radioaktivem Material erweitern. Es wäre dann noch viel gefährlicher, sich den Atomreaktoren zu nähern. Ein vollständiger Rückzug würde den Untergang von Ost-Japan bedeuten. Die japanische Nation würde zusammenbrechen.

Während des Atomunglücks im sowjetischen Tschernobyl wurde aus den Reihen des Militärs ein wahrhaftes Himmelfahrtskommando für die Löschung der Feuer und die Errichtung des Sarkophags rekrutiert. Ungefähr 30 Menschen starben an einer tödlichen Strahlendosis. Einige Leute sagen, dass es noch mehr gewesen sein müssen. Aber aufgrund der besonderen Umstände in der Sowjetunion ist die Wahrheit nicht bekannt geworden. Man kann jedenfalls sagen, dass die Sowjetunion den Unfall unter Kontrolle bringen konnte, weil sie über ein Militär verfügte, das ohne „wenn" und „aber" jeden Befehl ausführte.

Ist der Unfall überhaupt einzudämmen, auch wenn wir uns unter Einsatz des Lebens an die Bekämpfung machen? Wird Japan trotz des Verlustes von Menschenleben zusammenbrechen? Es stand 50:50. Das bedeutete aber nicht, dass Japan zu 50% gerettet werden konnte. Es bedeutete Rettung oder Untergang, einen Mittelweg gab es nicht.

Ich habe es zwar so nicht gesagt, aber mein Entschluss stand fest. Für mich gab es keine Alternative. Einfach dasitzen und auf den Tod warten kam nicht in Betracht. Wir mussten kämpfen. Es war ein Kampf, bei dem der Feind die Atomreaktoren und die unsichtbare Radioaktivität waren. Japan drohte von der Radioaktivität besetzt zu werden. Es war kein Feind, der von außen hereindrang. Japan hatte diesen Feind aus seinem Inneren hervorgebracht. Weglaufen war unmöglich.

Die Ankündigung der gemeinsamen Notfallzentrale

„Ein Rückzug ist unmöglich", sagte ich, worauf Kaiëda und die anderen nickten. Weiter an alle gewandt: „Es kann noch eine Menge getan werden!". Itō, der Sicherheitsbeauftragte des Kabinetts, warf ein: „Es muss weitergemacht werden, und sei es durch die Aufstellung eines Suizidkommandos." Itō war ehemaliger Polizeipräsident und damit der Profi unter den Profis in Sachen Krisenmanagement. Er schien sehr gut zu verstehen, welche Folgen es für Japan hätte, wenn TEPCO sich zurückziehen würde. Auch die anwesenden Vertreter der Atomaufsichtsbehörde und der Nuklearen Sicherheitskommission sahen uns noch nicht am Ende aller Möglichkeiten.

Ich ordnete an, sofort den Vorstandsvorsitzenden Shimizu einzubestellen. Weiter kündigte ich Folgendes an: „Ich werde in die TEPCO-Zentrale fahren. Sodann werden die Regierung und TEPCO eine gemeinsame Notfallzentrale gründen. Hosono wird seinen ständigen Sitz bei TEPCO nehmen."

Der Plan einer gemeinsamen Notfallzentrale hatte etwa am Vortag in mir Gestalt angenommen. Diese sollte zum einen praktische Zwecke wie die genaue Erfassung der Situation am Unglücksort und die Beschleunigung der Entscheidungsprozesse erfüllen. Aber darüber hinaus sollte sie deutlich machen, dass Regierung und TEPCO bei der Unfallbekämpfung an einem Strang zogen. Die Informationen flossen jedenfalls ungenau und auch noch spät. Was TEPCO betraf, so gab es zwar am Unglücksort ein starkes Krisenbewusstsein, aber in der Zentrale schien das Gefühl für eine nationale Krise nur schwach ausgeprägt gewesen zu sein. Die Politiker und Beamten des Premierministeramtes arbeiteten in dem Bewusstsein, für das Schicksal des Staates verantwortlich zu sein. Es mag ja natürlich sein, dass solch ein Bewusstsein bei dem Privatunternehmen TEPCO nicht vorhanden war. Aber so ging das nicht. Das Bewusstsein der TEPCO-Leute musste auf „wir ziehen mit der Regierung an einem Strang, um die nationale Krise zu bekämpfen" umgelenkt werden.

Seit dem Erdbeben hatte ich mit dem Kabinettssekretär und den anderen Politikern des Premierministeramtes ein ums andere Mal zusammengesessen, um über die ständig neuen Ereignisse zu beraten. Aber über das große Thema, was dieser Unfall bedeutete und welche Signifikanz er für die japanische Nation hatte, hatten wir noch nicht gesprochen. Es war erstmals am Morgen des 15. um kurz nach 3.00 Uhr, dass ich meine Einschätzung zum Ausdruck brachte, dass wir es hier mit einer Krise zu tun haben, bei der das Überleben der Nation auf dem Spiel steht.

Mir war nicht danach, eine zeremonielle Rede zu halten, und dafür bestand auch gar nicht die Ruhe, aber ich wollte die anwesenden Leute aufrütteln. Genau erinnere ich mich nicht, aber ich habe Dinge gesagt wie: „Wenn wir uns einfach zurückziehen, wird Ost-Japan den Bach runtergehen!", „Wo wollt ihr denn hin, wenn ihr weglauft?", „Wenn wir das machen, wird es eine Invasion aus dem Ausland geben!"

„Es wird eine Invasion aus dem Ausland geben" sollte dabei nicht heißen: „Irgendein Land wird diese Krise wie ein Plünderer an einer Brandstätte für eine Invasion ausnutzen". Es sollte vielmehr bedeuten: „Falls sich der Eindruck festsetzt, dass Japan ein Land ist, das sich vor der Unfallbekämpfung drückt, mag es ein Land geben, das an unserer Stelle die Dinge in die Hand nimmt."

Weglaufen war unmöglich.

Einmarsch in die TEPCO-Zentrale

Um kurz nach 4.00 Uhr erschien der Vorstandsvorsitzende Shimizu. „Einen Rückzug wird es nicht geben", kündigte ich ihm an. Shimizu antworte darauf einfach: „Ja, ich verstehe". So etwas wie „Nein, lassen Sie uns bitte den Rückzug antreten!" sagte er nicht. Ich erinnere mich, etwas perplex gewesen zu sein, weil das „ja" so schnell kam.

Ich kündigte weiter an: „Wir werden eine gemeinsame Notfallzentrale bilden. Hosono wird bei ihnen als ständiger Vertreter stationiert, stellen Sie ihm daher bitte Büro und Schreibtisch zur Verfügung." „Ja, ich verstehe", erwiderte Shimizu darauf.

„Weiter möchte ich sofort ihre Zentrale besuchen; bereiten Sie dafür bitte alles vor", fuhr ich fort. Ich fragte dann noch, wie lange die Vorbereitungen dauern würden; „zwei Stunden", war darauf die Antwort, worauf ich mitteilte, dass ich mich bereits früher, um 5.30 Uhr, auf den Weg machen wollte.

Um 5.26 Uhr fuhren wir vom Premierministeramt ab. Es war das erste Mal, seit ich am frühen Morgen des 12. zur Inspektionsreise nach Fukushima Daiichi und in das Unglücksgebiet aufgebrochen war, dass ich das Amt verließ. Bevor ich in den Wagen einstieg, wurde ich von Journalisten umringt. Ich verkündete, dass die Regierung und TEPCO eine gemeinsame Notfallzentrale bilden würden[15]. „Die Situation ist weiter besorgniserregend, aber wir werden die Krise um jeden Preis überwinden. Ich werde mich an vorderster Front darum kümmern", waren in etwa meine Worte.

Um kurz nach 5.30 Uhr erreichten wir die TEPCO-Zentrale in Uchisaiwai-chō. Eingedenk der bisherigen verspäteten Informationsübermittlung war es schon erstaunlich, wie nah der Ort war. Heutzutage spielt ja die tatsächliche Entfernung für die Geschwindigkeit der Informationsübermittlung praktisch keine Rolle mehr. Dennoch war die Strecke so kurz, dass es einem so vorkam, dass alles viel schneller gegangen wäre, wenn man einfach einen Boten mit Nachrichten hin und her geschickt hätte.

Im Kontrollraum waren zahlreiche Monitore aufgestellt. Einer davon war mit Fukushima Daiichi verbunden. Es waren also die Einrichtungen vorhanden, um direkt mit Werksleiter Yoshida zu sprechen; weiterhin hatte man einen Überblick über die Lage in allen Werken. Warum in aller Welt wurde das Premierministeramt dann nicht über die Lage am Unglücksort auf dem Laufenden gehalten?

Wie im Eingangskapitel beschrieben trat ich dann vor den Aufsichtsratsvorsitzenden Katsumata, den Vorstandsvorsitzenden Shimizu und die anderen dort versammelten TEPCO-Vertreter und sprach folgende Worte:

„Sie, meine Herren, können am besten die Schwere dieses Unfalls ermessen. Regierung und TEPCO müssen unbedingt an einem Strang ziehen, um die Sache in den Griff zu bekommen. Dafür stehe ich in der Verantwortung mit Minister Kaiëda und Herrn Shimizu direkt an meiner Seite. Hier geht es nicht nur um den Reaktor 2. Wenn Reaktor 2 aufgegeben wird, was passiert dann mit den Reaktoren 1, 3, 4, 5, 6 und weiter mit dem Atomkraftwerk Fukushima Daini? Wenn auch diese aufgegeben werden, zerfallen nach wenigen Monaten alle nuklearen Brennstoffe und Abfälle; die Radioaktivität wird dann freigesetzt. Ein Vielfaches von Tschernobyl. Es wäre das Ende der japanischen Nation.

Wir müssen irgendwie, auch unter Einsatz unseres Lebens, die Kontrolle über die Lage zurückgewinnen. Wir können uns nicht zurückziehen und schweigend zur Seite schauen. Wenn wir das tun, kommt am Ende vielleicht das Ausland und sagt: „Wir nehmen die Sache in die Hand". Sie sind zuständig, meine Herren! Kämpfen Sie unter Einsatz ihres Lebens! Auch wenn Sie weglaufen, können Sie nicht entkommen.

Informationen werden spät übermittelt, ungenau und sogar fehlerhaft. Igeln Sie sich nicht ein, meine Herren! Legen Sie die erforderlichen Informationen auf den Tisch! Es ist wichtig, dass Sie Ihr Handeln nicht nur auf den Augenblick ausrichten, sondern auch zehn Stunden, einen Tag und eine Woche in die Zukunft schauen. Es ist egal, wie viel Geld es kostet. Nur TEPCO kann es schaffen. Wo Japan vom Untergang bedroht ist, ist ein Rückzug unmöglich. Herr Aufsichtsrats- und Herr Vorstandsvorsitzender, fassen Sie ihren Entschluss! Leute über 60 können die Positionen an der Unglücksstelle einnehmen. Ich selbst bin zu allem bereit. Ein Rückzug ist unmöglich. Wenn Sie sich zurückziehen, ist das auch das sichere Ende von TEPCO."

Explosion von Reaktorblock 4, Druckabfall in Reaktor 2

Die in der Hauptverwaltung von TEPCO eingerichtete gemeinsame Notfallzentrale wurde zwar formell von mir geleitet, aber ich hatte von vornherein nicht die Absicht, dort präsent zu sein. Die stellvertretenden Leiter waren Minister Kaiëda und der Vorstandsvorsitzende Shimizu, während mein Assistent Hosono als ständiger Vertreter bei TEPCO die operative Führung übernahm. Aber auch Minister Kaiëda verbrachte eine beträchtliche Zeit in der TEPCO-Zentrale.

Nach meiner Ansprache an die Mitarbeiter von TEPCO im Kontrollraum wurde ich in ein Sitzungszimmer geführt. Auch dort bestand direkte Verbindung zu Fukushima Daiichi über ein Videotelefon. Ich konnte mit Werksleiter Yoshida über das System sprechen, aber er unterbrach sofort mit den Worten „Tut mir leid, wir haben eine Notsituation."

Um 6.00 Uhr war irgendwas geschehen vor Ort, und alles stand unter Hochspannung. Ein Mitarbeiter von TEPCO gab einige Erklärungen zur Situation von Reaktor 2: „Vielleicht ist der Boden des Druckbehälters durchbrochen; es herrscht dort jetzt der gleiche Druck wie außen."

Ich fürchtete, dass Reaktor 2 explodiert war, aber so war es nicht. Das Gebäude von Reaktor 4 war explodiert. Auch diesmal handelte es sich um eine Wasserstoffexplosion. Gleichzeitig war die Druckabbaukammer von Reaktor 2 beschädigt worden und eine hohe Dosis von radioaktivem Material in die Außenwelt gelangt.

Reaktor 4 befand sich während des Erdbebens und der Tsunami in der turnusgemäßen Wartungsphase, d. h. die Brennstäbe waren alle aus dem Reaktor entfernt worden, und er stand still. Daher galt er als sicher. Tatsächlich aber war das Abklingbecken äußerst gefährlich. Denn die sich noch im Gebrauch befindlichen Brennstäbe von Reaktor 4 waren in das Abklingbecken, dass direkt daneben errichtet worden war, umgelagert worden. Während Brennstoff im Inneren eines Reaktors durch den Druck- und den Sicherheitsbehälter abgeschirmt wird, wird das Abklingbecken nur durch das Dach abgedeckt.

Das Abklingbecken von Reaktorblock 4 erstreckt sich über den 2. und 3. Stock des Gebäudes. Es sieht aus wie ein ganz normales Hallenbad ohne eine besondere Schutzbarriere. Im Becken befindet sich Wasser, und solange die Kühlung funktioniert, ist alles in Ordnung. Fällt diese jedoch aus, erhitzt sich das Wasser, bis es verdampft. Die Brennstäbe werden daraufhin freigelegt und emittieren radioaktives Material. Dagegen schützt dann nur das Gebäude.

Auch bei Reaktorblock 4 waren durch Erdbeben und Tsunami alle Wechselstromquellen und damit die Kühlfunktion für das Abklingbecken ausgefallen. Ohne besondere Maßnahmen würde der Wasserstand durch den Verdampfungsprozess sinken, aber einer Schätzung gemäß sollte bis zum 20. alles unter Kontrolle bleiben. Die auf die Reaktoren 1 und 3 ausgerichteten Maßnahmen hatten daher Priorität. Am Vortag, dem 14., um 4.00 Uhr betrug die Wassertemperatur im Becken 84°, der Siedepunkt war also noch nicht erreicht.

Warum also ereignete sich am 15. um 6.10 Uhr die Explosion? Nach einer Vermutung von TEPCO könnte im Reaktorblock 3 befindlicher Wasserstoff über eine Rohrverbindung in den Block 4 gelangt und dort explodiert sein. Fast gleichzeitig brach dort dann auch ein Feuer aus.

Ebenfalls fast gleichzeitig mit der Explosion von Reaktor Nr. 4 fiel plötzlich der Druck in der Druckabbaukammer von Reaktor Nr. 2 ab. Das hat jedoch niemand vor Ort überprüft und festgestellt, sondern es wurde auf dem Monitor angezeigt.

Es kann nur Glück gewesen sein

Warum gab es den plötzlichen Druckabfall in Reaktor 2? Sicher ist, dass sich irgendwo ein Loch aufgetan hatte, aus dem der innere Wasserdampf und andere Gase entwichen. Gleichzeitig gelangte damit eine große Menge an radioaktivem Material nach außen. Letzteres sollte eigentlich unter allen Umständen vermieden werden, aber im Ergebnis hat dieses Loch unbekannter Herkunft eine

Großexplosion des Sicherheitsbehälters verhindert. Anders gesagt: wenn man einen Luftballon aufbläst, wird er am Ende platzen. Seine ursprüngliche Form kann er nicht bewahren. Bläst man dagegen eine Papiertüte auf, werden sich ab einer bestimmten Stufe Löcher an den Nahtstellen auftun, aus denen die Luft entweicht. Die Papiertüte fällt in sich zusammen, aber platzen wird sie nicht. Reaktor 2 verhielt sich wie eine Papiertüte; irgendwo tat sich ein Loch auf und die Luft entwich.

Es ist nicht so, dass der Reaktor von vornherein so konstruiert gewesen wäre, oder dass dieses Resultat durch irgendwelche im Handbuch beschriebenen Aktionen herbeigeführt werden konnte. Es ist auch nicht so, dass jemand als verzweifelte Maßnahme absichtlich irgendwo ein Loch gebohrt hätte. Es gab wohl einfach irgendwo eine poröse Stelle, so dass sich durch den Druckanstieg ein Loch aufgetan hat.

Damit keine Missverständnisse aufkommen: ich möchte in keiner Weise die unter Einsatz ihres Lebens gemachten ungeheuren Anstrengungen der Arbeiter von Fukushima Daiichi, der Selbstverteidigungsstreitkräfte, der Feuerwehr und der Polizei schmälern. Aber ich glaube, dass dieser Unfall letztlich nicht zum Zusammenbruch von Japan geführt hat, ist auf das Zusammenwirken mehrerer glücklicher Umstände zurückzuführen. Einer davon ist der plötzliche Druckabfall von Reaktor 2 aus unbekannten Gründen. Wäre der Sicherheitsbehälter des Reaktors wie ein Luftballon zerplatzt, hätte sich niemand mehr dem Ort nähern können.

Ein weiterer Glücksfall war, dass das Abklingbecken von Reaktorblock 4 noch Wasser enthielt. Wegen der Verspätung der turnusgemäßen Wartungsarbeiten war das Reaktorbehältnis während des Erdbebens voll mit Wasser. Es wird vermutet, dass dieses Wasser dann aus irgendeinem Grunde in das Abklingbecken geflossen ist.

Mit anderen Worten, uns kam auch das Glück zu Hilfe. Eigentlich muss man sogar sagen, dass es am Ende nichts anderes als Glück war. Es kann allerdings nicht angenommen werden, dass sich so ein Glück auch in Zukunft fortsetzen wird.

Natürlich, wenn es vorherige Vorbereitungen auf einen schweren Unfall gegeben hätte, wenn adäquate Handbücher vorgelegen hätten, und wenn ausreichende Übungen durchgeführt worden wären, dann hätte man den Unfall wohl unter Kontrolle bringen können, bevor er diese Ausmaße erreicht hatte. Aber dass die Eindämmung des Unfalls auch ohne solche Vorbereitungen gelungen ist, kann nur als Glück bezeichnet werden.

Leute die denken, weil uns einmal das Glück beistand, ist die Atomenergie auch in Zukunft sicher, handeln nicht anders als Teile des Militärs während des 2. Weltkriegs, die nicht an eine Niederlage glaubten, weil ja in der Zeit der Mongolenstürme[*] die göttlichen Winde, die Kamikaze, zu Hilfe gekommen waren. An die Kamikaze können wir nicht glauben.

Weil eine große Menge an radioaktivem Material von Reaktor 2 in die Umwelt gelangt und Reaktorblock 4 explodiert war, herrschte äußerste Anspannung. Insbesondere die aus Reaktor 2 entwichene radioaktive Dosis war die bisher größte. Die Lage war ernst. Es musste über eine Erweiterung der Evakuierungszone nachgedacht werden.

Appell an die Bevölkerung

Der 15. war ein Dienstag. An Dienstagen fanden turnusgemäß die Kabinettssitzungen statt, und so kehrte ich kurz nach 8.30 Uhr in das Premierministeramt zurück. Ich hatte mich knapp drei Stunden bei TEPCO aufgehalten. Die gemeinsame Notfallzentrale war auf den Weg gebracht worden, und ich hatte die formale Leitung übernommen, aber es war nicht meine Absicht, bei TEPCO Stellung zu beziehen und dort die Führung zu übernehmen. Um vollendete Tatsachen zu schaffen, war es für mich als Leiter der Zentrale wichtig gewesen, mich für ein paar Stunden im TEPCO-Hauptquartier aufzuhalten. Anschließend konnte ich dann meine Rechte auf meinen Assistenten Hosono übertragen, und dieser konnte während meiner Abwesenheit die operative Führung übernehmen.

Für die Vorbereitung der Kabinettssitzung verließ ich also die TEPCO-Zentrale um kurz nach 8.30 Uhr, während Minister Kaiëda sowie meine Assistenten Hosono und Terata zurückblieben, um die Arbeit in der gemeinsamen Notfallzentrale aufzunehmen.

Im Allgemeinen hielt der Kabinettssekretär mindestens zwei Pressekonferenzen pro Tag ab, um der Bevölkerung die notwendigen Informationen zur Erdbebenkatastrophe und zum Atomkraftwerk zu geben. An diesem Tag hatten sich die Explosion von Reaktorblock 4 und der Druckabfall im Reaktor 2 ereignet. Damit war eine erhöhte Gefahrenlage gegeben. Daher wurde entschieden, die Bevölkerung im Umkreis von 20–30 km um Fukushima Daiichi

---

[*] 1274 und 1281 (A.d.Ü.)

herum aufzufordern, die Häuser nicht zu verlassen. So habe ich selbst um 11.00 Uhr die Pressekonferenz gegeben. Mein Appell lautete wie folgt:

„Liebe Mitbürgerinnen und Mitbürger, ich möchte Sie über die Lage im Atomkraftwerk Fukushima informieren. Bitte hören Sie aufmerksam und mit Gelassenheit zu. Wie bereits erläutert, sind im Atomkraftwerk Fukushima durch Erdbeben und Tsunami die Reaktoren zum Stillstand gekommen, während die zum Antrieb der Notkühlaggregate angedachten Dieselmotoren ausgefallen sind. Zwischenzeitlich wurden die verschiedensten Versuche unternommen, die Kühlung der Reaktoren wiederherzustellen. In den Reaktorblöcken 1 und 2 ist es jedoch aufgrund der Entstehung von Wasserstoff zu Wasserstoffexplosionen gekommen, und in Block 4 ist Feuer ausgebrochen. Außerdem ist Radioaktivität in beträchtlicher Konzentration in die Umwelt gelangt. Auch weiterhin besteht eine erhöhte Gefahr der Freisetzung von radioaktivem Material.

Wir müssen daher nochmals alle Menschen, die im Umkreis von 20 km um das Atomkraftwerk Fukushima Daiichi wohnen auffordern, Zuflucht außerhalb dieser Zone zu suchen, auch wenn der größte Teil von Ihnen das Gebiet bereits verlassen hat. Außerdem bitten wir alle Menschen im Umkreis von 20–30 km, in Anbetracht der möglichen weiteren Entwicklung bei den Atomreaktoren sich nicht nach draußen zu begeben, und in Ihren Häusern und Büros in Bereitschaft zu bleiben. Was schließlich das Atomkraftwerk Fukushima Daini betrifft, so ist die Evakuierung der Zone im Umkreis von 10 km zwar fast abgeschlossen, aber wir bitten wirklich alle Menschen, vollständig das Gebiet zu verlassen.

Es werden derzeitig alle Anstrengungen unternommen, dass es zu keinen weiteren Explosionen und zu keinen weiteren Freisetzungen von radioaktivem Material kommt. Insbesondere die Mitarbeiter von TEPCO und alle anderen Verantwortlichen tun gerade ungeachtet aller Gefahren ihr Möglichstes, um die Reaktoren mit Wasser zu fluten. Auf diese Weise soll alles getan werden, um einen weiteren Austritt von Radioaktivität zu verhindern.

Liebe Mitbürgerinnen und Mitbürger, trotz ihrer großen Sorgen bitte ich Sie von Herzen, die Ruhe zu bewahren und alles Notwendige mit Gelassenheit zu unternehmen."

Nach meiner Ansprache habe ich eine Frage beantwortet. Ein Journalist fragte: „Herr Premierminister, auf Reaktor 2 haben sie nicht Bezug genommen. Ist denn aber Reaktor 2 nicht in einer noch viel ernsteren Lage?" Meine Antwort darauf lautete: „Wie ich gesagt habe, haben wir es gerade mit verschiedenen Phänomenen zu tun; die Maßnahmen ergreifen wir unter Berücksichtigung der Gesamtlage. Was genau in jedem einzelnen Reaktor geschieht, darüber wird ggf. bei einer anderen Gelegenheit TEPCO noch einmal berichten."

Als höchster Verantwortlicher konnte ich zu diesem Zeitpunkt nicht mehr sagen.

Es ging nicht darum, irgendetwas zu verbergen. Aber der Premierminister konnte nur gesicherte Fakten mitteilen. So war das Prinzip. Es war das erste Mal, dass sich ein schwerer Unfall wie dieser ereignet hatte. Niemand konnte mit Zuversicht eine Vorhersage geben. Nach dem Gesetz oblag es der Atomaufsichtsbehörde, den Premierminister zu beraten, aber die Behörde konnte keine gesicherten Aussagen machen. Über das Netzwerk der Technischen Hochschule Tokio konnte eine zweite Meinung eingeholt werden, aber dabei handelte es sich lediglich um diverse Zusatzinformationen. So gab es auf der einen Seite Leute, die im äußersten Falle den „Zusammenbruch Ost-Japans" für möglich hielten, und solche, die meinten, dass alles schon nicht so schlimm kommen werde. Das alles öffentlich zu machen, um es dann jedem einzelnen Bürger selbst zu überlassen, sich ein Urteil zu bilden und darauf zu reagieren, wäre völlig verantwortungslos von der Regierung.

Alle Informationen öffentlich zu machen, kann nicht diese Bedeutung haben. Die Regierung trägt für die von ihr offiziell verbreiteten Informationen auch inhaltlich die Verantwortung. Sie kann keine Informationen verbreiten, für die sie keine Verantwortung übernehmen kann[16]. Das unterscheidet eine Regierung von den Medien. Natürlich sollten auch die Medien nicht in verantwortungsloser Weise irgendwelche Informationen in die Welt setzen, aber das wiegt nicht ähnlich schwer wie bei einer Regierung.

Besonders wenn sich der Premierminister als höchster Repräsentant des Staates auf einer Presskonferenz äußert, kommt dem außerordentliches Gewicht zu. Eine Korrektur ist nicht möglich und ein Widerruf auch nicht. Eine Pressekonferenz muss unter genauester Abwägung dieser Umstände durchgeführt werden.

Der Ausverkauf Japans

Durch die Einrichtung der gemeinsamen Notfallzentrale in der TEPCO-Zentrale und die Verlegung des ständigen Sitzes meines

Assistenten Hosono dorthin verbesserte sich zwar der Informationsfluss, aber das bedeutete noch keine Wende zum Besseren am Ort des Unglücks. Die Krise nahm weiter ihren Lauf.

Um 12.25 Uhr kam die Bestätigung, dass das Feuer in Reaktorblock 4 gelöscht worden war, aber durch die Explosion war das Dach über dem Abklingbecken weggeflogen. Wenn nun ohne irgendeine Abdeckung das Wasser verdampfen würde, dann würde das radioaktive Material einfach so in die Luft entweichen. Das Becken musste um jeden Preis mit Wasser aufgefüllt werden.

Auf der anderen Seite, und davon waren ebenso die Blöcke 1 und 3 betroffen, eröffneten die fehlenden Dächer auch eine Chance: Es wurde nun möglich, eine Wasserflutung aus der Luft durchzuführen. Es begannen Überlegungen, dafür Hubschrauber der Selbstverteidigungsstreitkräfte einzusetzen.

Aufgrund der Verschlechterung der Lage seit dem frühen Morgen des 15. erhielt der „Ausverkauf Japans" an der Tokioter Börse einen erheblichen Schub; gegenüber dem Vortrag verlor der Aktienindex 1.015 Punkte. Die Botschaften der verschiedenen Länder fingen an, Evakuierungsempfehlungen für ihre Staatsbürger herauszugeben. Ich habe hinterher davon gehört, aber viele Musiker, die einen Auftritt in Japan geplant hatten, strichen ihre Vorstellungen. Auf der anderen Seite gab es aber offenbar auch Musiker, die extra zur Unterstützung Japans ins Land kamen. Dafür bin ich dankbar.

In jedem Falle setzte nun etwas ein, was man als Vorzeichen für das Worst-Case-Szenario der Evakuierung von 50 Millionen Menschen interpretieren konnte. Mit der Evakuierung von Menschen war es nicht getan; das Atomunglück befiel alle möglichen Bereiche wie Wirtschaft, Gesellschaft und Kultur.

Der Gegenangriff beginnt

Nachdem die gemeinsame Notfallzentrale ihre Arbeit aufgenommen hatte, konnten sich TEPCO und die Regierung mit vereinten Kräften der Unfallbekämpfung widmen. Am Anfang stand dabei die Flutung der Abklingbecken unter Einsatz von Hubschraubern der Selbstverteidigungsstreitkräfte.

Am 15. um kurz vor 16.00 Uhr erschien Verteidigungsminister Kitazawa in Begleitung von Generalinspekteur Oriki Ryōichi zwecks Besprechung der Flutungsaktion. Der Generalinspekteur sprach einige sehr ermutigende Worte: „Es ist die Mission der Selbstverteidigungsstreitkräfte, das Leben der Bürger zu schützen. Wenn wir den Einsatzbefehl erhalten, werden wir alles in unseren Kräften Stehende tun."

Natürlich wurde von TEPCO erwartet, alle Anstrengungen zu unternehmen. Mit der Einrichtung der gemeinsamen Notfallzentrale wollten wir als Regierung aber auch nicht mehr nur auf Berichte warten und dann entscheiden, sondern uns aktiver als bisher an der Unfallbekämpfung beteiligen. Mit Verteidigungsminister Kitazawa habe ich erörtert, dass den Selbstverteidigungsstreitkräften dabei eine große Rolle zukommt.

Gegen Abend kam dann der Bericht von Hosono, der die operative Führung der gemeinsamen Notfallzentrale übernommen hatte. Er informierte über die Aktivitäten, nachdem wir uns von TEPCO zurückgezogen hatten. Es muss wohl psychologisch eine schwere Bürde für ihn gewesen sein, als Regierungsrepräsentant unter lauter TEPCO-Leuten zu sitzen. Aber ich vertraute darauf, dass er der Sache gewachsen war. Hosono hat seine Pflichten als Stellvertreter des Premierministers sehr zufriedenstellend erfüllt.

Schon bei der Bereitstellung der Stromversorgungsfahrzeuge am Abend des 11. hatte sich gezeigt, dass viele Dinge glatter über die Bühne gingen, wenn die Hilfe von Polizei und Selbstverteidigungsstreitkräften in Anspruch genommen wurde. Aber jeden einzelnen Fall über die Atomaufsichtsbehörde und das Wirtschaftsministerium an das Premierministeramt hochzubringen, um dann von dort aus die Sache mit den betreffenden Behörden zu koordinieren, war ein zeitraubender Prozess. Weil Hosono seinen ständigen Sitz als Leiter der gemeinsamen Notfallzentrale bei TEPCO eingenommen hatte, konnte er diese Koordinierung direkt übernehmen. Das trug erheblich zu einem reibungslosen Ablauf vieler Aktionen bei.

Die Regierung hat Hosono noch einige Mitarbeiter zur Seite gestellt. Einer davon war Ikukawa Hiroshi, der in meiner Zeit als Vize-Premierminister und Wissenschaftsminister als mein Stabsleiter fungiert hatte. Zur Zeit des Unfalls war er vom Wissenschaftsministerium ins physikalisch-chemische Institut RIKEN entsandt worden. Auf meine Anforderung hin verlegte er seinen Einsatzort als Mitarbeiter des Premierministeramtes zu TEPCO. Seitdem berichtete er für ein halbes Jahr täglich, einschließlich samstags und sonntags und ohne eine einzige Ausnahme mehrere Male pro Tag über die Lage am Unglücksort. Damit war ich nahezu ohne Zeitverzögerung ständig über die aktuelle Situation im Atomkraftwerk informiert, was sich für die weitere Entscheidungsfindung als äußerst hilfreich erwies.

16. März, Mittwoch

Anweisung an die Selbstverteidigungsstreitkräfte

Die Krise im Atomkraftwerk Fukushima Daiichi setzte sich fort. Am 16. um 5.45 Uhr wurde bestätigt, dass Feuer im Gebäude von Reaktor 4 ausgebrochen war. Es war die gleiche Stelle wie schon am Vortag. Um 8.37 Uhr wurde Aufstieg von weißem Rauch aus Block 3 gemeldet. Es wurde befürchtet, dass das Wasser des Abklingbeckens am Verdampfen war. Das Gleiche würde wohl auch mit dem Becken von Reaktor Nr. 4 passieren, wenn Gegenmaßnahmen ausblieben. Nahe dem Haupttor der Atomanlage wurde um 10.40 Uhr eine Strahlenbelastung von 10 Millisievert pro Stunde gemessen.

Es musste jedenfalls gekühlt werden. Das war nur durch die Einleitung von Wasser zu bewerkstelligen. Durch die Wasserstoffexplosionen, das Auftreten von Löchern aus unbekannten Gründen und die anderen Ereignisse war das Atomkraftwerk längst unbrauchbar und die Lage dort äußerst ernst; aber auch wenn es merkwürdig klingt, vereinfachte das die Gegenmaßnahmen. Wenn irgendwie gekühlt werden konnte, war es gut.

„Wasser reinpumpen und kühlen" war natürlich leichter gesagt als getan. Das größte Problem war, dass man sich aufgrund der hohen radioaktiven Belastung nicht nähern konnte. Erdbeben, Tsunami und die Kette der Explosionen hatten weiterhin dazu geführt, dass alles mit Trümmern übersät war. Es herrschten katastrophale Arbeitsbedingungen. In diesem Umfeld war es ein Kampf gegen die Zeit.

Nach Mittag, ab 12.46 Uhr, habe ich mich mit Verteidigungsminister Kitazawa, Hosono und einigen anderen darüber beraten, wie die Selbstverteidigungsstreitkräfte statt der bisher passiv unterstützenden eine aktive Rolle bei der Eindämmung des Unfalls spielen konnten. Als Staat mussten wir alle Kräfte aufbieten, um diesen Unfall unter Kontrolle zu bringen.

Gegen 16.00 Uhr hoben Armeehubschrauber zwecks Wasserflutung aus der Luft ab. Sie näherten sich Reaktorblock 3, aber aufgrund der hohen Strahlenbelastung wurde die Aktion abgebrochen. Natürlich konnte die Wasserflutung nur direkt über dem Atomkraftwerk durchgeführt werden, aber gerade da war die Strahlenbelastung eben am größten.

Für den Tag musste die Flutungsaktion zurückgestellt werden, aber ein TEPCO-Mitarbeiter, der sich mit in einem der Hubschrauber befand, konnte Videoaufzeichnungen von den Blöcken 3 und 4 machen und durch Inaugenscheinnahme bestätigen, dass sich noch Wasser im Abklingbecken von Reaktorblock 4 befand.

„Es sind zwar harte Bedingungen, aber morgen müssen wir es irgendwie schaffen", ließ ich Verteidigungsminister Kitazawa wissen. Am nächsten Tag dann wurde die Flutungsaktion mit den Armeehubschraubern durchgeführt.

Um 22.16 Uhr führte ich ein Telefongespräch mit Ban Ki-moon, dem Generalsekretär der Vereinten Nationen. Er drückte seine Anteilnahme für die Betroffenen des Erdbebens und der Tsunami aus und äußerte sich tief bewegt darüber, wie die Japaner versuchten, diese nationale Katastrophe zu überwinden. Ich sprach dafür meinen Dank aus. Weiter sagte er: „Auch was den Unfall im Atomkraftwerk von Fukushima betrifft, werden wir als Vereinte Nationen alle erdenkliche Hilfe leisten. Die Vereinten Nationen stehen an der Seite des japanischen Volkes." Zum Atomunglück antwortete ich: „Japan wird der internationalen Gemeinschaft alle erforderlichen Informationen bereitstellen."

Es war eine Selbstverständlichkeit, aber abermals fühlte ich, dass Fukushima im Fokus der ganzen Welt stand.

17. März, Donnerstag

Wasserflutung durch Hubschrauber der Selbstverteidigungsstreitkräfte

Um 9.48 Uhr begannen Armeehubschrauber, Reaktorblock 3 aus der Luft mit Wasser zu fluten. Danach wurden noch um 9.52, 9.58 und um 10.00 Uhr, also insgesamt viermal, Wasserladungen abgeworfen. Die ganze Aktion wurde live im Fernsehen übertragen, und ich betete, dass es ein Erfolg sein würde, während ich mir das ansah.

Die am Vortag wegen der starken Radioaktivität verschobene Aktion wurde an diesem Tag endlich erfolgreich durchgeführt. An den Hubschraubern waren Metallplatten zum Schutz vor der Radioaktivität angebracht worden, aber es war ein todesmutiger Einsatz der Soldaten.

Die Selbstverteidigungsstreitkräfte hatten schon in der frühesten Phase des Atomunfalls damit begonnen, Informationen zu sammeln. Am 11. März um kurz nach 19.00 Uhr, nachdem der Notstand ausgerufen worden war, hatte Verteidigungsminister Kitazawa den Einsatzbefehl im Zusammenhang mit dem Atomunglück gegeben. Daraufhin begab sich die Zentrale Einheit zum Schutz gegen unkonventionelle Waffen, die zur Zentralen Schnellen Eingreiftruppe der Armee gehörte, nach Fukushima. Diese Einheit war für Maßnahmen gegen atomare, biologische und chemische Waffen gerüstet, aber für den Kampf gegen einen Atomunfall war sie nicht ausgebildet. Dennoch kam sie innerhalb der Selbstverteidigungsstreitkräfte am ehesten für einen solchen Einsatz in Betracht.

Wie bereits zuvor gesagt, waren die Selbstverteidigungsstreitkräfte am Abend des 11., als die Mitarbeiter des Premierministeramtes darum rangen, Stromversorgungsfahrzeuge nach Fukushima zu bringen, von großer Unterstützung. Am Unglücksort waren Mitglieder der Zentralen Einheit zum Schutz gegen unkonventionelle Waffen weiter bei der Nachschuborganisation für das Kühlwasser beteiligt. Bei der Explosion von Reaktorblock 3 wurden dann einige von ihnen verletzt. Auf diese Weise waren die Selbstverteidigungsstreitkräfte schon in der Frühphase nach dem Unfall mit logistischer Unterstützung aktiv. Ab dem 15. jedoch sollten sie darüber hinaus eine aktive Rolle spielen. Durch die Einrichtung der gemeinsamen Notfallzentrale verlief die Kommunikation und Koordination mit dem Unglücksort nun sehr viel glatter, was den aktiven Einsatz der Streitkräfte sehr beförderte. Der Erfolg der Wasserflutungsaktion war der erste Schuss des Gegenangriffs gegen die Ausweitung des Unfalls.

Gleich im Anschluss an die Aktion, um 10.22 Uhr, habe ich ein Telefongespräch mit dem amerikanischen Präsidenten Obama geführt. Präsident Obama sagte, auch er habe mit Ergriffenheit den Wasserflutungseinsatz der Selbstverteidigungsstreitkräfte im Fernsehen verfolgt.

Die Flutung vom Hubschrauber aus war wirklich eine für alle Augen sichtbare Aktion; es war weiterhin ein todesmutiger Einsatz, der in dem Bewusstsein, einer hohen Strahlenbelastung ausgesetzt zu werden, durchgeführt wurde. Die Gefährlichkeit dieser Aktion wurde offenbar am besten von den amerikanischen Streitkräften verstanden. Von Verteidigungsminister Kitazawa hörte ich, dass sich deren Haltung nach dieser Operation erheblich veränderte. Auch die amerikanischen Streitkräfte, die uns im Rahmen der „Operation Tomodachi"[*] zu Hilfe kamen, betrachteten den Atomunfall mit Sor-

---

[*] Tomodachi = Freund (A.d.Ü.)

ge. Dabei lagen offenbar Zweifel in der Luft, inwieweit die japanische Regierung sich wirklich ernsthaft bemühte, der Lage Herr zu werden. Die Selbstverteidigungsstreitkräfte hatten durch ihre Aktion die Ernsthaftigkeit der japanischen Regierung demonstriert.

Das Telefongespräch mit Präsident Obama dauerte etwa 30 Minuten. Es war das zweite Mal seit dem Erdbeben, dass wir miteinander sprachen, und diesmal ging es um recht konkrete Sachthemen. Der öffentlich gemachte Inhalt kann wie folgt zusammengefasst werden: Präsident Obama bekundete seine Absicht, sich nicht nur auf unmittelbare Maßnahmen wie die Unterstützung durch die in Japan stationierten amerikanischen Streitkräfte und die Aktivitäten von Rettungsteams beschränken zu wollen. Vielmehr schwebe ihm ein breiterer Hilfsansatz vor, der auch die Entsendung von Nuklearexperten und Unterstützung beim mittel- und langfristigen Wiederaufbau mit einschlösse. Ich drückte meinen Dank für die amerikanische Hilfe aus und erklärte, dass alle Organisationen einschließlich der Polizei und der Selbstverteidigungsstreitkräfte mobilisiert würden, um den Atomunfall mit ganzer Kraft zu bekämpfen. Bezüglich der angebotenen Hilfe äußerte ich meine Absicht einer engen Abstimmung mit der amerikanischen Seite; weiter sollten aus Amerika entsandte Nuklearexperten fortlaufend eng mit den japanischen Experten zusammenarbeiten.

Gespräche unter Staats- und Regierungschefs haben ihre zeremonielle Seite, aber hier konnten auch ziemlich konkrete Angelegenheiten erörtert werden. Dieses Gespräch sicherte uns die amerikanische Unterstützung bei der Bekämpfung des Unfalls über das bisherige Maß hinaus.

Hilfsanforderung an Gouverneur Ishihara

Um 13.00 Uhr wurde eine Plenumssitzung des Parlaments eröffnet. Weil es die erste Sitzung nach der Erdbebenkatastrophe war, begann sie mit einer Schweigeminute aller Abgeordneten.

Nach der Schweigeminute begab ich mich sofort ins Premierministeramt zurück. Ich traf mich mit Verteidigungsminister Kitazawa und der Spitze seines Ministeriums, um mich für die Flutungsaktion zu bedanken. Nur die Selbstverteidigungsstreitkräfte genügten jedoch nicht, auch die Bereitschaft der Feuerwehr und andere Dienste mussten sich an der Wasserflutung beteiligen. Innerhalb der Feuerwehr verfügte die Stadt Tokio über das modernste schwere Gerät.

Gegen 19.00 Uhr telefonierte ich mit dem Parlamentarischen Staatssekretär Akutsu Yukihiko. Bevor Akutsu Parlamentsabgeordneter wurde, war er Stabsleiter des Stadtgouverneurs von Tokio, Ishihara Shintarō*, als dieser noch Abgeordneter im Unterhaus war. Ich wusste zwar nicht, ob er immer noch enge Beziehungen zu Gouverneur Ishihara pflegte, aber ich hielt es für erforderlich, Ishihara kurzfristig zu kontaktieren. Das leitete ich über Akutsu in die Wege.

Akutsu befand sich zu der Zeit im Rathaus der Präfektur Miyagi, wo er dem Leitungsteam des Außenpostens der nationalen Notfallzentrale angehörte. „Wir müssen Wasser in die Abklingbecken einleiten. Dafür brauchen wir die modernsten Löschfahrzeuge der Stadt Tokio. Tragen Sie das bitte an Herrn Ishihara heran", sagte ich. Akutsu setzte sich sofort mit Ishihara in Verbindung und postwendend kam seine Antwort: Der Gouverneur sei zu Hause, er habe seine Nummer in Erfahrung gebracht, angerufen, um Unterstützung nachgesucht und bereitwilliges Einverständnis erhalten.

Der Tokioter Feuerwehrbehörde hatten wir tatsächlich einiges zugemutet. Am Vortag (dem 16.) hatte TEPCO über die Notfallzentrale und weiter über das Innenministerium ein Spezialfahrzeug zum Katastropheneinsatz bei der Tokioter Feuerwehr angefordert. Das Fahrzeug wurde bereitgestellt; nahe am Einsatzort würde TEPCO den Transport übernehmen, hieß es. Nachdem jedoch ein Feuerwehrmann der Tokioter Feuerwehr das Fahrzeug bis nach Iwaki in der Fukushima Präfektur gebracht hatte, war niemand da, um es abzuholen. Nach einiger Zeit erschien ein TEPCO-Mitarbeiter, aber der wusste auch nicht genau Bescheid, und so kehrte die Feuerwehr unverrichteter Dinge zurück.

Das Wohlwollen der Tokioter Feuerwehr war hier mit Füßen getreten worden. Diese Vorgänge waren mir nicht bekannt. Am 17. dann wurde an mich herangetragen, auch der Premierminister möge Gouverneur Ishihara um Unterstützung bitten, und so habe ich über Akutsu den Kontakt aufgenommen.

Meine Auffassungen unterscheiden sich in vielerlei Hinsicht mit denen von Gouverneur Ishihara, und er ist auch ein ständiger Kritiker meiner Person und der DPJ. Im nationalen Notstand spielte das jedoch keine Rolle, und er gab seine volle Unterstützung. Als ich dann später erfuhr, dass ein bis nahe an den Unglücksort herange-

---

* Ishihara Shintarō ist ein prominenter Politiker am rechten Rand des politischen Spektrums und ein Widersacher Kans und dessen Partei, der DPJ (A.d.Ü.)

brachtes Fahrzeug aufgrund unserer ungeschickten Kommunikation wieder umkehren musste, war ich umso dankbarer. Natürlich hat Gouverneur Ishihara seine Unterstützung nicht mir zu Gefallen, sondern für Japan gewährt. Aber das ist auch in Ordnung so.

Der Rettungsdienst der Tokioter Feuerwehr, die Feuerwehren anderer Präfekturen und auch TEPCO mit seinem lokalen Team haben sich mit voller Hingabe in den Kampf begeben. Durch das Erdbeben und den Atomunfall wurde mir abermals bewusst, wie viel Verlass in Japan auf die Menschen vor Ort ist.

In den Kaiserpalast – eine ungewöhnliche Ernennungszeremonie im gewöhnlichen Anzug

An dem Tag gab es auch noch eine Personalangelegenheit zu regeln. Der 78 Jahre alte stellvertretende Kabinettssekretär Fujii Hirohisa kündigte aus Altersgründen seinen Rücktritt an. Zu seinem Nachfolger habe ich den Abgeordneten Sengoku Yoshito, den stellvertretenden Parteivorsitzenden der DPJ, bestimmt. Sengoku hatte mich nach meiner Ernennung zum Premierminister als Kabinettssekretär unterstützt, aber bei der Umbildung des Kabinetts im Januar hatte er dieses verlassen, um das Amt des stellvertretenden Parteivorsitzenden zu übernehmen. Unter den Abgeordneten der DPJ war Sengoku außerordentlich gut mit der Ministerialbürokratie vertraut. Diese Erfahrungen wollte ich mir zur Überwindung dieser Krise zu Nutze machen. Bis vor einigen Monaten diente Sengoku noch als Kabinettssekretär, jetzt sollte er dessen Stellvertreter werden. Sein neuer Vorgesetzter Edano war überdies noch jünger. In gewisser Hinsicht war das also eine Degradierung, aber er stimmte bereitwillig zu.

Der stellvertretende Kabinettssekretär ist ein Amt, das nach dem Gesetz eine Ernennungszeremonie im Kaiserpalast durch den Kaiser erfordert. Normalerweise müssen die Männer dafür einen Frack tragen, aber in diesen Zeiten sollte die Zeremonie nach Rücksprache mit dem kaiserlichen Hofamt im einfachen Anzug durchgeführt werden. Ich traf um 19.55 Uhr im Kaiserpalast ein und wohnte der Ernennung im normalen Anzug bei. Auch der Kaiser trug einen gewöhnlichen Anzug. Es war offenbar das erste Mal in der Geschichte, dass eine Ernennungszeremonie in Alltagskleidung durchgeführt wurde.

Zu dem Zeitpunkt war die Atomkrise noch in vollem Gange. Ich musste an das Worst-Case-Szenario denken. Wenn sich der Unfall nicht eindämmen ließe, in welcher Phase müsste man dann die kaiserliche Familie bitten, Tokio zu verlassen? Auch das war natürlich eine Sorge des Premierministers.

Um 22.48 Uhr kehrte ich ins Premierministeramt zurück, und um kurz nach 23.00 Uhr erschien Hosono von der gemeinsamen Notfallzentrale bei TEPCO zur Berichterstattung. Nach der erfolgreichen Wasserflutung durch die Selbstverteidigungsstreitkräfte am Morgen waren seit dem Nachmittag auch ein Hochdruckwasserwerfer der Polizeibehörde und fünf Hochdrucklöschfahrzeuge der Selbstverteidigungsstreitkräfte am Grund im Einsatz.

Ich wies an, die Kühlung durch Wasserflutung unvermindert fortzusetzen. Es war das einzige, was man machen konnte.

18. März, Freitag

Die Bearbeitung des Parteivorsitzenden Tanigaki

Seit dem Erdbeben war genau eine Woche vergangen. Aber Zeit, sich deswegen irgendwelchen Gefühlen hinzugeben, gab es keine.

Weil es Freitag war, fand ab 9.30 Uhr eine reguläre Kabinettssitzung statt. Anschließend habe ich mit einigen Ministern einzeln gesprochen und mich mit Okada Katsuya, dem Generalsekretär der DPJ, getroffen. Ich wies Okada an, ein Krisenkabinett für die weiteren Maßnahmen gegen die Erdbebenkatastrophe zu bilden und zu sondieren, ob die Anzahl der Mitglieder des Kabinetts, die bisher auf 17 festgelegt war, um drei Personen erhöht werden könne, um die Opposition hereinzuholen. Diese Idee konnte jedoch letztlich nicht umgesetzt werden.

Im Parlament bestand weiter eine Pattsituation aufgrund unterschiedlicher Mehrheitsverhältnisse von Regierung und Opposition im Unter- und Oberhaus. Es war aber abzusehen, dass als Reaktion auf die Erdbebenkatastrophe ein Nachtragshaushalt und diverse Gesetzesnovellen verabschiedet werden mussten. Die Aufstellung dieses Haushalts, dessen Beratung und Verabschiedung mussten weiterhin zügig über die Bühne gehen. Eine Geringschätzung des Parlaments lag mir fern, aber ich war der Ansicht, dass solche Maßnahmen in Zeiten des nationalen Notstands ohne Ansehen von Regierung und Opposition getroffen werden sollten.

In der damaligen Berichterstattung hieß es, ich hätte am 19. den Parteivorsitzenden Tanigaki von der oppositionellen LDP plötzlich angerufen, um die Mitwirkung seiner Partei im Kabinett einzufordern. „Das kommt jetzt aber sehr plötzlich", hätte er gesagt, ohne eine sofortige Antwort zu geben. Er hätte dann gleich eine Sitzung seiner Parteiführung zusammengerufen, auf der dann abschlägig über den Vorschlag beschieden wurde. Der zweite Teil dieser Ausführungen mag wohl stimmen, aber es ist ein Irrtum, dass ich plötzlich angerufen hätte.

Nach dem Erdbeben hatte ich Tanigaki u. a. bei den Sitzungen der Parteiführer öffentlich getroffen. Unabhängig davon hatte ich über den Abgeordneten Katō Kōichi, mit dem ich aus der LDP eng vertraut war, um ein Zweiergespräch nachgesucht.[17]

Wie weit die Gespräche zwischen Katō und Tanigaki gediehen, ist mir nicht bekannt. Ich hatte den Parteivorsitzenden Tanigaki jedenfalls mehrfach um ein Vieraugengespräch gebeten, aber die Gelegenheit dazu ergab sich nicht. Einmal wurde mir dann mitgeteilt, dass ein Zweiergespräch nicht möglich sei, aber wenn ich etwas zu sagen hätte, möge ich doch unter der und der Nummer zu dieser Zeit anrufen. Diesen Kanal nutzte ich dann, um meine Gedanken zu übermitteln: „Lassen Sie uns zur Überwindung der nationalen Krise die Verantwortung teilen und treten Sie ins Kabinett ein." Aber am Telefon war es offenbar schwierig, meinen Absichten hinreichenden Ausdruck zu verleihen, und so scheiterte die Angelegenheit.

Die Idee mit dem Krisenkabinett wurde dann als Versuch kritisiert, die Lebensdauer meiner Regierung zu verlängern. Nach meiner Auffassung waren das nicht die richtigen Zeiten für solch eine Unterstellung.

Kehren wir zu den Geschehnissen des 18. zurück. An dem Tag teilte TEPCO endlich mit, dass sich in den Abklingbecken der Reaktoren 1–6 insgesamt 4.546 Brennstäbe befänden, davon 1.331 in Block 4.

Um 14.15 Uhr empfing ich Amano Yukiya, den Generaldirektor der Internationalen Atomenergieorganisation (IAEO), für einen Höflichkeitsbesuch. Er übermittelte mir das Angebot der internationalen Gemeinschaft, beim Kampf gegen das Atomunglück zu kooperieren. Ich erwiderte darauf, dass wir alle Kräfte aufbieten, um die Lage in Fukushima Daiichi unter Kontrolle zu bringen. Der internationalen Gemeinschaft und allen voran der IAEO würden wir größtmögliche Transparenz gewähren und alle Informationen zur Verfügung stellen.

Um 19.00 Uhr führte ich ein Telefongespräch mit dem französischen Präsidenten Sarkozy. „Falls es irgendetwas gibt, was wir tun können, sagen Sie es bitte", bot er an. Ich bedankte mich für die Worte der Anteilnahme, die Hilfsbereitschaft und die Solidarität, und erläuterte den Stand der Hilfsaktionen für die Betroffenen des Unglücks sowie die Lage im Atomkraftwerk.

Die Botschaft nach der ersten Woche

Seit dem Erdbeben war genau eine Woche vergangen. Diesen Einschnitt wollte ich zum Anlass nehmen, um mich als Premierminister mit eigenen Worten an die Bevölkerung zu wenden. Ab 20.13 Uhr gab ich daher eine Pressekonferenz.

Auf dieser Pressekonferenz wollte ich offen über die beiden Krisen – Erdbeben und Tsunami sowie Atomunfall – sprechen, insbesondere über die Tatsache, dass zum letzteren noch keine sicheren Vorhersagen gemacht werden konnten. Außerdem war es mir ein Anliegen, den Menschen in den Katastrophensammelstellen von ganzem Herzen meine Anteilnahme auszusprechen. Es tut mir wirklich aufrichtig leid, dass auch heute noch viele Menschen getrennt von ihren Familien in den Notunterkünften ausharren müssen.

Ich gebe im Folgenden die Kernpunkte meiner Ansprache nach der ersten Woche wieder:

„Wir sehen uns heute mit zwei großen Problemen konfrontiert. Da sind einmal die direkt durch das enorme Erdbeben und die Tsunami hervorgerufenen Schäden, und außerdem entfaltet sich das durch die Tsunami verursachte große Atomunglück. Beiden Krisen müssen wir ins Auge blicken.

Bei den Hilfsaktionen gab es viel Durcheinander und etliche Schwierigkeiten, aber Stück für Stück werden wir der Lage Herr. Die Hilfsgüter erreichen die Betroffenen, und allmählich werden wir auch Fortschritte bei der Wiederherstellung des normalen Lebens machen. Ganz sicher werden wir die Folgen von Erdbeben und Tsunami in den Griff bekommen, und ganz Japan wird sich erholen. Davon bin ich fest überzeugt.

Noch immer können allerdings keine Aussagen zum weiteren Verlauf des Unglücks im Atomkraftwerk von Fukushima gemacht werden. TEPCO, die Selbstverteidigungsstreitkräfte, die Polizei, die Feuerwehr und andere Organisationen kämpfen auf Leben und Tod darum, die Lage unter Kontrolle zu bringen. Auch ich persönlich widme mich mit wirklich ganzer Kraft der Bekämpfung dieses Unglücks. Unbedingt möchte ich mit Ihnen, mit allen Einsatzkräften vor Ort und mit allen anderen Verantwortlichen, unbedingt möchte ich diese Krise überwinden, und die Menschen von dieser Sorge befreien. Das ist meine feste Absicht, und dafür werde ich alles geben.

Bis heute haben wir aus vielen Ländern der Welt eine große Anteilnahme erfahren. Aus 117 Regionen und Ländern und von 29 internationalen Organisationen haben wir Hilfsangebote erhalten, und die Hilfsaktionen sind bereits angelaufen. Dafür bin ich sehr dankbar. Mit dieser Unterstützung aus der ganzen Welt dürfen wir auch im Angesicht dieser größten Krise seit dem 2. Weltkrieg nicht den Mut verlieren. Lassen Sie uns mit der festen Entschlossenheit voranschreiten, diese Krise um jeden Preis zu überwinden.

Allen, die sich momentan in den Katastrophensammelstellen aufhalten, in der Kälte, ohne ausreichende Nahrungsmittel und Wasser und mit unzureichenden sanitären Anlagen, Ihnen allen spreche ich von ganzem Herzen meine Anteilnahme aus. Egal ob Familie, Nachbarn oder auch Fremde, bitte helfen Sie einander, das harte Leben in den Notunterkünften erträglich zu gestalten."

Die Frage- und Antwortrunde nahm dann folgenden Verlauf:

„Mein Name ist Aoyama von Nippon Television. Ich möchte eine Frage zum Atomkraftwerk Fukushima Daiichi stellen. Der Atomunfall bereitet nicht nur den Menschen in der Umgebung, sondern der gesamten Bevölkerung in Japan große Ängste und Sorgen. Weiter wächst aber teilweise das Misstrauen gegenüber den von der Regierung herausgegebenen Informationen. Ich frage Sie als den Premierminister von Japan: Wie gefährlich ist die jetzige Situation, oder aber bis zu welchem Punkt können wir beruhigt sein? Welche Vorhersagen zur weiteren Entwicklung können Sie geben? Bitte erläutern Sie uns das, und zwar möglichst unter Heranziehung konkreter Beispiele."

„Ich und der Kabinettsekretär haben alle uns zu diesem Atomunfall bekannten Fakten öffentlich gemacht. Das möchte ich gegenüber den Menschen in unserem Lande und gegenüber der internationalen Gemeinschaft noch einmal bekräftigen. Das vorausgesetzt ist die momentane Lage so, dass zum Atomunglück in Fukushima noch keine gesicherten Voraussagen möglich sind. Das sage ich Ihnen ganz ehrlich. Aber TEPCO, die Selbstverteidigungsstreitkräfte, die

Feuerwehr, die Polizei und andere Einheiten kämpfen gerade unter Aufbietung aller Kräfte darum, der Lage um jeden Preis Herr zu werden. Heute gelang auch die Flutung von Reaktor 3. Auf diese Weise versuchen wir, obwohl Voraussagen noch nicht möglich sind, in nicht allzu ferner Zukunft die Gesamtsituation unter volle Kontrolle zu bringen. Ich versichere der Bevölkerung, dass wir weiter alle Anstrengungen in diese Richtung unternehmen."

„Mein Name ist Igarashi von der Yomiuri Zeitung. Wie Sie sagten, Herr Premierminister, erleben wir heute mit Erdbeben, Tsunami, Atomunfall, Stromausfällen und dann vor allem bei den Hilfen für die Betroffenen eine ganze Verkettung von Krisen. Jede einzelne davon wäre schon schwerwiegend genug. In Anbetracht dieser Lage gibt es viele Menschen, die sich fragen, ob denn die jetzigen Maßnahmen der Regierung ausreichend sind. Herr Premierminister, glauben Sie ganz konkret, dass in hinreichendem Maße reagiert wird? Heute hat Generalsekretär Okada angekündigt, dass das Kabinett um drei Personen erweitert werden soll. Aber ich möchte Sie fragen, ob Sie auch über konkrete Maßnahmen verfügen, die Krisenorganisation zu verstärken."

„Unmittelbar nach dem Erdbeben ist die Regierung unverzüglich aktiv geworden. Es werden alle, wirklich alle Anstrengungen unternommen, um die Probleme zu lösen und die Krise zu überwinden. Dies vorausgesetzt finden derzeit zwischen Regierung und Opposition auch Gespräche mit dem Ziel statt, das Kabinett zu stärken. Auch unter Einschluss solcher Anstrengungen möchte ich unsere Fähigkeiten und unsere Reaktionskraft zur Bekämpfung dieser Krise verbessern."

„Ich heiße Tanaka von der Mainichi Zeitung. Ich habe eine Frage zum Wiederaufbau in den Katastrophengebieten. Herr Premierminister, Sie sagten vorhin, dass Sie alle Anstrengungen unternehmen wollen, dass die Menschen wieder in einer normalen Umgebung leben können. Sie sollten in neue Orte umziehen. Aber die Gebäude in den Städten der Katastrophengebiete sind von Grund auf zerstört. Es wird eine sehr lange Zeit dauern, bis man auch die Infrastruktur wiederaufgebaut hat. Wie sollen in der Zwischenzeit die Menschen in den Notunterkünften ihr Leben verbringen? Bitte erzählen Sie uns, welche Überlegungen dazu von der Regierung angestellt werden."

„Um das Leben der evakuierten Menschen über einen längeren Zeitraum erträglich zu gestalten, werden verschiedene Hilfen angeboten und verschiedene Maßnahmen getroffen. Besonders kommen auch aus allen Teilen des Landes von den Gebietskörperschaften, von diversen Organisationen und von Privatpersonen Angebote, diese Menschen bei sich aufzunehmen. Darum möchte ich aber auch von meiner Seite noch einmal bitten: Ich möchte die Menschen aus allen Teilen des Landes bitten, Mitmenschen aus den Katastrophensammelstellen bei sich aufzunehmen, damit diese nicht zu lange das harte Flüchtlingsleben ertragen müssen. Die Regierung wird alle Anstrengungen unternehmen, das zu unterstützen."

Die Probleme türmten sich auf.

Nach einer Woche zurück in die Privatresidenz

An dem Abend, um 21.47 Uhr, bin ich zum ersten Mal seit einer Woche in meine Privatresidenz zurückgekehrt. Wenn ich das nicht täte, würden auch die anderen Mitarbeiter des Premierministeramtes nicht nach Hause gehen, wurde mir gesagt. Deswegen habe ich es getan. Alle waren restlos erschöpft. Sie hatten wirklich ohne Schlaf und ohne Pause durchgearbeitet.

Während dieser Woche hatte ich das Premierministeramt nur viermal verlassen: Am Morgen des 12. für die Reise nach Fukushima Daiichi, am Morgen des 15. für den Besuch in der TEPCO-Zentrale, am 17. für die Plenarsitzung des Parlaments und ebenfalls am 17. für die Ernennungszeremonie im Kaiserpalast.

Ab dem 19. März

Die Krise geht weiter

Auch ab dem 19. März war es keinesfalls so, dass wir die Krise bereits hinter uns gelassen hätten. Besonders beim Reaktor 4 waren die Wände des Gebäudes durch die Explosion zerstört worden, so dass dieses nur noch durch die Säulen getragen wurde. Wenn es bei einem großen Nachbeben eingestürzt wäre, wäre das Becken eingebrochen und die abgebrannten Brennstäbe wären herausgerollt. Dann hätte man nichts mehr machen können. Bei den Stützungsarbeiten wurde zwar auf Eile gedrungen, aber bis zu deren Abschluss konnte man nur beten, dass es kein großes Nachbeben geben möge.

TEPCO bemühte sich darum, die Stromversorgung von außen für Fukushima Daiichi wiederherzustellen. Als am 19. der entsprechende Erfolg vermeldet wurde, war ich ziemlich erleichtert. Mit Wiederherstellung der Stromquelle konnte auch die Kühlung wieder in Gang gebracht werden, dachte ich. Aber das war eine verfrühte Freude. Denn trotz der wiederhergestellten Stromversorgung von außen lief die Pumpe für die Zirkulation des Kühlwassers nicht, da sie kaputt war. So blieb nur, mit der Wasserflutung von außen fortzufahren. Es wurde der Einsatz einer Hilfspumpe veranlasst, aber in der Zwischenzeit setzten die Löschfahrzeuge und Wasserwerfer ihre Arbeit fort.

Bei den Flutungsarbeiten kämpfte die schnelle Eingreiftruppe der Tokioter Feuerwehr an vorderster Front. Unterstützt wurde sie dabei von den Feuerwehren anderer Präfekturen, so dass es sich wirklich um eine gesamtjapanische Anstrengung handelte, um das Atomunglück unter Kontrolle zu bekommen.

Weil mit den TEPCO-Leuten, der Polizei und den Feuerwehren aus verschiedenen Regionen und den Selbstverteidigungsstreitkräften eine ganze Anzahl von Organisationen gemeinsam im Einsatz war, stellte sich die Frage nach der Befehlskette. Den Überblick über die Gesamtlage vor Ort hatte Hosono als operativer Leiter der gemeinsamen Notfallzentrale bei TEPCO; auf der Basis wurde entschieden, die Selbstverteidigungsstreitkräfte mit der übergeordneten Koordinationsaufgabe zu betrauen. Unter den Namen von Minister Kaiëda und Hosono wurde am 18. ein „Anweisungshandbuch" herausgegen, und ein solches nochmal am 20. unter meinem Namen. Darin wurde spezifiziert, dass für die Aufstellung von Grundregeln für Aktionen wie die Wasserflutung die Selbstverteidigungsstreitkräfte am Einsatzort die Koordination mit den anderen involvierten Behörden und TEPCO übernehmen und am Ende entscheiden. Weiter wurde festgelegt, dass bei der Durchführung der Operationen die Selbstverteidigungsstreitkräfte an der Spitze der Befehlspyramide stehen.

Es war der gemeinsamen Notfallzentrale zwischen TEPCO und der Regierung zu verdanken, dass die verschiedenen Abteilungen des Unternehmens und die Regierungsbehörden in abgestimmter Weise mobilisiert werden konnten. Weiter war das einheitliche Vorgehen von Selbstverteidigungsstreitkräften, Polizei und Feuerwehren der Koordinationsarbeit von Hosono und seinen Leuten in der Zentrale zu verdanken.

Im Falle einer nationalen Krise müssen die Selbstverteidigungsstreitkräfte im Mittelpunkt der Bemühungen stehen; dessen waren sich auch die Führungen von Polizei und Feuerwehren sowie die Leute vor Ort bewusst. Tatsächlich war es das erste Mal, dass Polizei und Feuerwehr unter den Selbstverteidigungsstreitkräften arbeiteten. Es gibt keine gesetzlichen Vorschriften, die die Zusammenarbeit zwischen diesen Institutionen regelt. Bei diesem Unfall war es jedoch ein Wettlauf gegen die Zeit, und das Gebiet war begrenzt, so dass wir diese „Anweisungshandbücher" herausgeben konnten. Natürlich gab es Diskussionen dazu, aber das beeinträchtigte die Sache nicht. Die Krise hatte ein solches Ausmaß, dass ohne diesen besonderen Einsatz der Selbstverteidigungsstreitkräfte die Sache nicht unter Kontrolle zu bekommen war.

Auswirkungen auf weite Bereiche

Es war im letzten Drittel des Aprils, als man annehmen konnte, dass sich der Unfall wohl nicht weiter ausdehnen würde.

TEPCO stellte am 17. April den sogenannten „Fahrplan zur Eindämmung des Unfalls im Atomkraftwerk Fukushima Daiichi" vor. Der erste Schritt war danach die Erreichung einer nachhaltigen Tendenz zum Rückgang der radioaktiven Strahlendosis, d. h. eine stabile Kühlung der Reaktoren und die Sicherstellung von Lagerplatz für kontaminiertes Wasser. Das sollte innerhalb von ungefähr drei Monaten geschehen. Die Kontrolle der Emission von radioaktivem Material und die breite Reduzierung der Strahlendosis, mit anderen Worten die Aufrechterhaltung einer stabilen Kühlung und die Reduzierung der kontaminierten Wassermengen, sollten im zweiten Schritt erfolgen. Die Erreichung dieses Ziels war für drei bis sechs Monate nach der Umsetzung des ersten Schrittes avisiert. Fünf Maßnahmen in drei Bereichen mussten dringend durchgeführt werden: Im ersten Bereich „Kühlung" war 1. die Kühlung der Reaktoren und 2. die Kühlung der Abklingbecken zu erreichen. Im zweiten Bereich „Reduzierung" musste 3. das radioaktiv verseuchte Wasser eingeschlossen, gelagert, aufbereitet und wiederverwendet und 4. die radioaktive Belastung von Luft und Boden gesenkt werden. Im dritten Bereich „Monitoring, Dekontamination" ging es 5. schließlich um Evakuierungsanweisungen, die planmäßige Durchführung von Evakuierungen sowie um die Messung, die Minderung und die öffentliche Bekanntmachung von Strahlendosen in für eine Notfallevakuierung vorgesehenen Plätzen.

Alleine TEPCO sah sich mit diesen enormen Aufgaben konfrontiert. Dabei handelte es sich nur um den Fahrplan zur Eindämmung des Unfalls, Fragen des Schadensersatzes waren damit noch nicht angeschnitten.

Einen Monat später, am 17. Mai, veröffentlichte TEPCO einen Fortschrittsbericht zu diesem Fahrplan. Die Zielmarke für die Erreichung der ersten beiden Schritte blieb dabei unverändert. Unter dieser Voraussetzung war die Möglichkeit gegeben, eine stabile Kühlung der Reaktoren bis Juli zu erreichen, während unter Aufrechterhaltung der stabilen Lage die Reduzierung der kontaminierten Wassermengen für Oktober bis Januar des darauffolgenden Jahres avisiert wurde.

Daraufhin haben wir als Regierung, im Rahmen einer Sitzung der Zentrale zur Bekämpfung eines Atomunfalls, Beschlüsse zur Umsetzung von dringend erforderlichen Hilfsmaßnahmen für die Betroffenen des Atomunfalls gefasst. Die Verbesserung der Lage in den Notunterkünften und die Errichtung von Übergangswohnungen waren dabei ebenso Gegenstand wie Maßnahmen mit Bezug zu Arbeit, Kinderbetreuung, erneuten nachfolgenden Evakuierungen und Landwirtschaft. Alle Ämter und Behörden erhielten damit klare Anweisungen.

Die durch den Unfall verursachte Radioaktivität erreichte hohe Werte über ein weites Gebiet. Entsprechend gab es viele Sorgen wegen direkter gesundheitlicher Schäden und Auswirkungen auf die Nahrungsmittel. Auch das Wegräumen der Trümmer war ein Problem.

Die Folgen eines einzigen Unfalls machten sich über enorm weite Bereiche bemerkbar.

Es tauchte auch die Frage auf, wie mit der Managementkrise bei TEPCO umzugehen wäre. Weiter ergab sich das Problem, ob von TEPCO Schadenersatz zu leisten wäre. In jedem Fall waren dafür riesige Summen erforderlich. Wenn das aus der Staatskasse finanziert werden sollte, welches Schema konnte dafür in Betracht kommen? Dann musste darüber nachgedacht werden, wie der Energienachfrage im Sommer begegnet werden konnte.

Auf der einen Seite gab es die Probleme mit der Erholung von den durch Erdbeben und Tsunami verursachten Schäden und mit dem Wiederaufbau; auf der anderen Seite waren auch die Innen- und Außenpolitik nicht zu vernachlässigen. Auch in der Politik türmten sich die Probleme auf.

Unermüdliche Anstrengungen am Ort des Atomunglücks

Am 19. Juli, nachdem durch die Einrichtung eines Wasserkreislauf-systems eine stabile Kühlung erreicht und der Ausstoß von radioak-tiven Materialien auf das Zwei-Millionstel des Niveaus unmittelbar nach dem Unfall gesenkt worden war, konnten wir im Rahmen der Zentrale zur Bekämpfung eines Atomunfalls die erfolgreiche Umset-zung des ersten Schrittes des „Fahrplans" verkünden. Das war in erster Linie den unermüdlichen Anstrengungen der TEPCO-Leute an vorderster Front in der Atomanlage mit Werksleiter Yoshida an der Spitze, aber auch der Mitarbeiter der involvierten Service- und Zulieferunternehmen zu verdanken.

Zuvor hatte ich am 16. Juli zum zweiten Mal das J-Village besucht, um die Leute vor Ort zu treffen und einige Worte an sie zu richten: „Durch Ihren selbstlosen Einsatz sind die Reaktoren jetzt weitgehend unter Kontrolle. Dafür möchte ich Ihnen von Herzen meinen Dank aussprechen. Durch Ihre Anstrengungen ist Japan gerettet worden!" Das Gefühl der Dankbarkeit gegenüber den Leu-ten in der Atomanlage hat bis heute nicht nachgelassen. Und meinen tiefen Respekt möchte ich auch denjenigen Menschen gegenüber zum Ausdruck bringen, die am Unglücksort heute weiter im uner-müdlichen Einsatz stehen.

2. Kapitel
Ausstieg aus der Kernenergie und Rücktritt

Katastrophensammelstellen

Auch nachdem die Periode der Notmaßnahmen gegen den Atomunfall vorüber war, gab es einen Berg von Aufgaben zu erledigen. Da ich mich über die durch Erdbeben und Tsunami verursachten Schäden sowie die Evakuierungslage nach dem Atomunfall informieren wollte, besuchte ich erneut das Unglücksgebiet und einige Katastrophensammelstellen und Notunterkünfte. Der Küstenteil des von Erdbeben und Tsunami betroffenen Gebiets war vollkommen verwüstet. Das Wegräumen der Trümmer, die Errichtung von Notbehausungen sowie der Wiederaufbau von Fischereiindustrie, Städten und Häusern brauchten Zeit, machten aber nach und nach Fortschritte.

Während dieser Tour konnte ich auch mit einigen aus Fukushima evakuierten Menschen sprechen. Eine Frau, die nahe der Atomanlage gewohnt hatte, berichtete unter Tränen: „Mein Mann arbeitet als Angestellter von TEPCO in dem Atomkraftwerk. Dafür werde ich von allen Seiten scharf angesehen. Mein Mann gibt aber unter Kenntnis der Gefahren sein Bestes." Weiter sagte ein Mann zu mir: „Von hier bis zu meinem Haus ist es weiter als bis nach Amerika." Darauf wusste ich nichts zu erwidern. Auch die Sorgen der aufgrund von Erdbeben und Tsunami evakuierten Menschen waren groß, aber mir wurde schmerzlich bewusst, dass es psychologisch eine große Belastung war, wenn man nicht in sein Haus zurück konnte, obwohl es durch den Atomunfall nicht beschädigt worden war.

Weiter hörte ich, dass die Kinder in den Katastrophensammelstellen diskriminiert und gemobbt wurden. Das Atomunglück von Fukushima hatte vielen Menschen auch psychologisch tiefe Wunden zugefügt.

Das Steuer herumreißen: Ausstieg aus der Kernenergie

Neben dem Wiederaufbau nach der Naturkatastrophe und den Maßnahmen gegen den Atomunfall tat sich ein weiteres Schlachtfeld bei der Wende der Energiepolitik, inklusive der Kernenergie, auf. Ich möchte hier darstellen, wie ich schrittweise das Steuer herumgerissen und den Ausstieg aus der Kernenergie eingeleitet habe.

Meine Einstellung zur Kernenergie hat sich durch die Erfahrung des Atomunfalls am 11. März geändert. Durch dieses Ereignis ist klar geworden, dass durch einen Atomunfall der Zusammenbruch der ganzen Nation droht. Diese Tatsache hat mich zu der Überzeugung geführt, dass eine „sichere Kernenergie" darin besteht, nicht auf die Kernenergie zu bauen.

Meine politische Gruppierung bei meiner ersten Wahl ins Parlament 1980 war der Sozialdemokratische Verband. Dieser sah die Kernkraft als „Brückenenergie" an. Auch ich habe Inspektionen und Parlamentsbefragungen unter diesem Blickwinkel fortgeführt. Aber ein sofortiger Ausstieg aus der Kernenergie stand nicht zur Debatte. Vor dem 11. März war ich von der Sicherheit der Kernenergie überzeugt und befürwortete deren Nutzung. Aber mit dem 3/11 Unfall änderte ich meine Meinung.

Angenommen, ein Unfall habe eine Auftrittswahrscheinlichkeit von einmal in 100 Jahren. Für einen Verkehrsunfall könnte man dann sagen, dass es sich um ein ziemlich sicheres Auto handelt. Falls aber das Risiko bestünde, dass bei einem Mal die Welt untergeht, würde das niemand wagen, egal ob einmal in 100 Jahren oder einmal in 1000 Jahren. Was uns der Unfall von Fukushima vor Augen geführt hat, war wahrhaft die Größe eines solchen Risikos.

Es gibt auf der Erde zwei Gebiete, die das Dreifachrisiko von Erdbeben, Tsunami und Atomkraft tragen. Das ist die Westküste von Amerika, und das ist Japan. Aber weil Japan kein weites Land ist, kann ein Atomunfall im schlimmsten Fall den Zusammenbruch staatlicher Strukturen herbeiführen.

Unter hergebrachten Vorstellungen von Sicherheit ist ein solches Risiko gar nicht auszuhalten. Mag man auch die fünf Barrieren, die die Sicherheit von Atomkraftwerken gewährleisten sollen, auf sieben erweitern, und mag man auch die Deiche zum Schutz gegen Tsunamis erhöhen, so verbleibt doch die Möglichkeit, menschliches Versagen eingeschlossen, eines Unfalls oder eines Terroranschlages. In der heutigen internationalen Lage ist die Terrordrohung ein ungelöstes Problem. Bisher wurde gesagt, dass Atomkraftwerke außer bei einem direkten Treffer durch eine Rakete sicher seien. Der jetzige Atomunfall hat die Terroristen dieser Welt aber gelehrt, dass alleine schon ein Stromausfall zu einer dramatischen Lage führt. Es reicht, wenn einige Dutzend Terroristen in das Land eindringen und die Stromkabel durchschneiden, um Japan in eine existenzbedrohende Krise zu stürzen.

In Anbetracht solcher Umstände ist es am sichersten, die Abhängigkeit von der Kernenergie zu verringern und auf eine Gesellschaft abzuzielen, die nicht auf Atomkraft baut. Meine Ansichten haben sich in diese Richtung geändert.

Ab Ende März habe ich in öffentlichen Äußerungen Schritt für Schritt erklärt, dass wir uns in Richtung Ausstieg aus der Kernenergie bewegen. Am Anfang stand dabei ein Treffen mit den Führern der Sozialdemokratischen und der Kommunistischen Partei, auch wenn das keine große Medienaufmerksamkeit erregt hat.

Die Ankündigung einer Revision der Energiepolitik

Während eines Treffens mit der Vorsitzenden der Sozialdemokratischen Partei am 30. März ließ ich verlauten, dass die Aufstellung der Atomaufsichtsbehörde diskutiert werde muss. Weiter sagte ich: „Der Anteil an erneuerbaren Energien ist gering. Wir müssen über einen Unterstützungsmechanismus nachdenken, um diesen zu erhöhen." Ich erinnere mich, dass unmittelbar davor Regionalwahlen in Deutschland, bei denen die Antiatomkraftbewegung Bündnis 90/Die Grünen starke Gewinne erzielte, Aufmerksamkeit erregt hatten.

Am 31. März konferierte ich mit Shii Kazuo, dem Vorsitzenden der Kommunistischen Partei, und äußerte meine Ansicht, dass die Reaktoren 1–6 im Atomkraftwerk Fukushima Daiichi alle stillgelegt werden müssten. Außerdem erklärte ich, dass der im Juni des Vorjahres (2010) vom Kabinett verabschiedete energiepolitische Grundsatzplan von Grund auf revidiert würde. Dieser Plan stellte die Kernkraft in den Mittelpunkt der Energieversorgung Japans; bis zum Jahre 2030 sollte die Anzahl der Kernreaktoren um mindestens 14 erhöht werden. Für mich selbst hatte ich dies auf zunächst minus 14 umentschieden.

Anlass für diese Äußerungen war, dass mich Shii während unseres Treffens aufgefordert hatte, den energiepolitischen Grundsatzplan aufzugeben. Es war aber nicht so, dass ich mich für die Revision entschieden habe, weil es von der Kommunistischen Partei verlangt wurde. Vielmehr war mir bereits zuvor klar geworden, dass der Plan keine Zukunft hatte. Übrigens hatte die Kommunistische Partei bisher, anders als etwa die Sozialdemokratische Partei, die friedliche Nutzung der Kernenergie befürwortet.

Am gleichen 31. traf ich mit dem französischen Präsidenten Sarkozy, der Japan besuchte, zusammen. Auf der gemeinsamen Pressekonferenz erklärte ich: „Die Kernenergie und die Energiepolitik erfordern in Anbetracht des Unfalls eine erneute Diskussion." Solch eine hochoffizielle Äußerung ist für den Normalbürger vielleicht schwer zu interpretieren, aber das bedeutete nichts anderes, als dass die Kernenergiepolitik revidiert würde. Es war eine Art Kriegserklärung gegen die Bürokraten, die im Dienste der Förderung der Atomkraft standen.

Auf eine Frage zur künftigen Kernenergiepolitik während einer Sitzung des Haushaltsausschusses des Oberhauses am 18. April antwortete ich: „Es kann nicht angehen, dass wir gemäß der bisherigen Planung weitermachen, ohne uns noch einmal in aller Gründlichkeit mit der Frage der Sicherheit auseinanderzusetzen." Weiter sagte ich zum bisherigen Kapazitätserweiterungsplan für Atomkraftwerke: „Nur weil irgendetwas entschieden wurde, heißt das nicht, das es auch so gemacht wird."

Zum Kernbrennstoffzyklus äußerte ich meine Bedenken wie folgt: „Wir müssen auch feststellen, dass der verbrauchte Kernbrennstoff nicht unbedingt unter einwandfreien Bedingungen innerhalb der Atomkraftwerke gelagert wurde."

Noch weitergehende Aussagen machte ich am 25. April während einer Sitzung des Rechnungsausschusses des Oberhauses. Auf eine Frage der Kommunistischen Partei antwortete ich wie folgt: „Den bisher verabschiedeten energiepolitischen Grundsatzplan müssen wir noch einmal gründlich überprüfen. In gewisser Hinsicht muss dieser noch einmal von Null auf überdacht werden."

Das Problem der Schadensersatzpflicht von TEPCO

Auf einer Sitzung des Budgetausschusses des Unterhauses am 29. April gab ich zum Problem der Entschädigung folgende Antwort: „In allererster Linie steht hier der Betreiber TEPCO in der Pflicht."

Nach Paragraph 3 des Gesetzes zum Schadensersatz bei Atomschäden muss der Betreiber Schadensersatz leisten, wenn durch den Betrieb eines Atomreaktors Schäden entstehen. Falls allerdings die Schäden durch eine außergewöhnliche Naturkatastrophe oder durch gesellschaftliche Wirren entstanden sind, kann davon abgesehen werden. Die Frage war, ob TEPCO nicht, darauf basierend, eine Haftungsbefreiung geltend machen konnte.

Würde diese Regelung so anerkannt, hieße das, dass TEPCO in den Genuss der Haftungsbefreiung käme. Dazu sagte ich: „Wenn

TEPCO keinen Schadensersatz zu leisten hat, muss dieser in vollem Umfang vom Land geleistet werden. Das kann ja wohl nicht möglich sein."

Weiter fügte ich noch an, dass die maßgebliche Haftung von TEP-CO auch eine politische Bedeutung hätte und Signale in die Bürokratie senden würde. Nach einer angemessenen Zahlung würde aber auch die Regierung mit in die Verantwortung eintreten.

Für diejenigen Interessengruppen, die von einer Haftungsbefreiung für TEPCO ausgegangen waren, schien meine Antwort eine Enttäuschung gewesen zu sein.

Die Forderung zur Stilllegung des Atomkraftwerks Hamaoka

Am 6. Mai gab ich eine Pressekonferenz auf der ich die Chūbu Elektrizitätswerke aufforderte, das Hamaoka Atomkraftwerk stillzulegen. Um diesen Sachverhalt ranken sich eine Reihe von Spekulationen, so dass ich hier noch einmal meine Sicht der Dinge darstellen möchte.

Am Vortag, dem 5. Mai, hatte Wirtschaftsminister Kaiëda Hamaoka besucht. Dieser Besuch war nicht von mir angeordnet worden. Am 6. kam Minister Kaiëda auf mich zu, um über den Besuch zu berichten. „Ich denke, dass Hamaoka stillgelegt werden muss", waren seine Worte. Kaiëda hatte den Besuch in Begleitung von Beamten seines Ministeriums durchgeführt. Daher war es offenbar so, dass die Schließungsabsicht innerhalb des Ministeriums abgestimmt worden war.

Seit Ende März dachte ich selbst darüber nach, ob das Atomkraftwerk in Hamaoka nicht in irgendeiner Weise stillgelegt werden konnte. Bereits früher war darauf hingewiesen worden, dass für Hamaoka das Risiko eines Großunfalls durch Erdbeben und Tsunami bestand. Auch aus der Antiatomkraftbewegung wurden Stimmen laut, die zumindest die Stilllegung von Hamaoka forderten. Schließlich wiesen auch die Erdbebenstudien des Wissenschaftsministeriums auf die Gefahren hin.

Gerade als ich darüber nachdachte, wie eine Stilllegung zu bewerkstelligen wäre, kam Wirtschaftsminister Kaiëda mit dem entsprechenden Wunsch auf mich zu. „Es ist, weil ich weiß, was Sie denken", waren seine Worte. Nun gut, dachte ich bei mir.

Trotz dieses schweren Unfalls vor Augen hatte das Wirtschaftsministerium nicht davon abgelassen, die Kernenergie zu fördern.

Zumindest wollte man sie erhalten. Dass die Arbeitsebene dieses Ministeriums auf meiner Linie war, erstaunte mich.

Aber tatsächlich war es so, dass das Ministerium ein ganz bestimmtes Szenario vor Augen hatte. Nach dem Atomunfall war es schwierig geworden, die Atomkraftwerke, die in allen Gebieten aufgrund der turnusgemäßen Wartung abgeschaltet worden waren, wieder anzufahren. Daher wurde offenbar das Szenario entworfen: „Wir schließen Hamaoka, weil es gefährlich ist, aber weil die anderen Werke sicher sind, fahren wir sie wieder an."

Inwieweit Minister Kaiëda diesem Szenario zugestimmt hatte, weiß ich nicht, aber ich für meinen Teil konnte das nicht mittragen. Am 6. um 13.00 Uhr kam Kaiëda mit der Ankündigung, sofort eine Pressekonferenz abhalten zu wollen. Das habe ich zunächst einmal unterbunden und für den späteren Nachmittag eine erneute Unterredung angesetzt. Im Ergebnis wurde die Pressekonferenz von mir als Premierminister durchgeführt, weil es sich hier um eine bedeutsame Angelegenheit handelte. Die Vorlage des Wirtschaftsministeriums konnte wirklich so aufgefasst werden wie „wir schließen Hamaoka, weil es gefährlich ist, aber weil die anderen Werke sicher sind, fahren wir sie wieder an". Ohne auf die anderen Atomkraftwerke einzugehen, habe ich folgendes erklärt:

„Liebe Mitbürgerinnen und Mitbürger, ich habe Ihnen eine wichtige Mitteilung zu machen. Heute habe ich als Premierminister über Wirtschaftsminister Kaiëda die Chūbu Elektrizitätswerke aufgefordert, alle Reaktoren im Atomkraftwerk Hamaoka stillzulegen. Das geschah in erster Linie zur Gewährleistung Ihrer Sicherheit. Denn falls sich in Hamaoka ein schwerer Unfall ereignen würde, hätte dies enorme Konsequenzen für die gesamte japanische Gesellschaft.

Nach Einschätzung der Abteilung für Erdbebenstudien des Wissenschaftsministeriums wird sich das zu erwartende Tōkai Erdbeben mit einer Magnitude von 8 mit einer Wahrscheinlichkeit von 87% innerhalb der nächsten 30 Jahre ereignen. Es besteht daher dringender Handlungsbedarf.

In Anbetracht dieser besonderen Lage des Atomkraftwerks Hamaoka muss dort durch die Errichtung von Deichen und durch andere nachhaltig durchgeführten mittel- und langfristigen Maßnahmen ein hinreichender Schutz vor dem vermuteten Tōkai Erdbeben sichergestellt werden.

Um die Sicherheit der Bürger zu gewährleisten, bin ich zu dem Schluss gekommen, dass bis zur Umsetzung dieser mittel- und langfristigen Maßnahmen nicht nur der in Wartung befindliche Reaktor 3, sondern auch alle anderen momentan laufenden Reaktoren stillgelegt werden müssen.

Bereits seit langem wird auf die Gefahren hingewiesen, die damit einhergehen, dass das Atomkraftwerk Hamaoka auf einer aktiven Verwerfung errichtet wurde. Das jüngste Erdbeben und den dadurch verursachten Atomunfall vor Augen, habe ich zur Sicherheitslage des Atomkraftwerks Hamaoka verschiedene Meinungen eingeholt. Nach zusammen mit Wirtschaftsminister Kaiëda durchgeführten reiflichen Überlegungen bin ich auf dieser Basis als Premierminister zu dem heutigen Entschluss gekommen.

Wir werden auch als Regierung größte Anstrengungen unternehmen, damit es durch die Stilllegung des Atomkraftwerks Hamaoka nicht zu größeren Störungen der Energieversorgung im Gebiet der Chūbu Elektrizitätswerke kommt. Ich bin davon überzeugt, dass das Risiko von Stromausfällen durch verstärkte Maßnahmen der Strom- und Energieeinsparung nicht nur durch die Menschen in diesem Gebiet, sondern im ganzen Land in jedem Falle unter Kontrolle gebracht werden kann. Ich bitte alle Bürgerinnen und Bürger des Landes von Herzen um ihr Verständnis und ihre Kooperation."

Durch diese Pressekonferenz entwickelte sich das Problem des Wiederanfahrens in eine andere Richtung als dies im Szenario des Wirtschaftsministeriums vorgesehen war.

Weil ich die Absichten des Wirtschaftsministeriums im Falle von Hamaoka durch meine persönliche Durchführung der Pressekonferenz durchkreuzt hatte, wurden beim nächsten Fall des Atomkraftwerks Genkai der Kyūshū Elektrizitätswerke vollendete Tatsachen geschaffen, ohne dass ich dabei zu Rate gezogen worden wäre. Meine Beziehungen zu Minister Kaiëda blieben dadurch nicht unbeeinträchtigt.

Umkehr in der Energiepolitik

Das Kabinett verfügte eigentlich nicht über die Befugnis, den Chūbu Elektrizitätswerken gegenüber die Stilllegung eines in Betrieb befindlichen Atomkraftwerks anzuordnen. Deswegen hatte ich hier die Form der „Aufforderung" gewählt. Ich hielt es für ausgeschlossen, dass sich ein reguliertes Energieversorgungsunternehmen dem widersetzen würde. Tatsächlich haben sich die Chūbu Elektrizitätswerke dann auch für die Stilllegung des Hamaoka Atomkraftwerks entschieden.

Auf einer Pressekonferenz am 10. Mai kündigte ich weiter die Einrichtung eines Regierungsausschusses zur Untersuchung des Atomunfalls an. Diesem Untersuchungsausschuss sollten drei Prinzipien zugrunde liegen: Unabhängigkeit von der etablierten Atombürokratie, Öffentlichkeit und eine umfassende Perspektive. Es sollten nicht nur die technischen Aspekte untersucht, sondern auch die systemischen und organisatorischen Probleme eingehend behandelt werden. Dieser Regierungsuntersuchungsausschuss wurde mit Kabinettsbeschluss vom 24. Mai offiziell auf den Weg gebracht.

Auf der anschließenden Pressekonferenz äußerte ich mich auch zur künftigen Energiepolitik:

„Bei Kernenergie muss vor allem anderen die Gewährleistung der Sicherheit im Vordergrund stehen … Bisher wurde für die Stromerzeugung auf die großen Säulen Kernenergie und fossile Brennstoffe gesetzt. Eingedenk des jüngsten Unfalls und eingedenk des Problems der globalen Erwärmung müssen dazu die erneuerbaren Energien auf Basis von Sonne, Wind und Biomasse als eine der Grundenergien treten. Eine weitere Säule muss der Bau einer energieeffizienten Gesellschaft sein."

Zur Energiewende habe ich mich in Form einer Antwort auf die Frage eines Reporters von der Westjapanischen Zeitung geäußert: „Der gegenwärtige energiepolitische Grundsatzplan sieht vor, dass im Jahre 2030 die Kernenergie zu über 50% und die erneuerbaren Energien zu 20% an der gesamten Stromerzeugung beteiligt sind. Aber ich denke, dass nach dem jüngsten Unfall dieser Grundsatzplan revidiert und von Grund auf neu diskutiert werden muss."

Damit hatte ich auf einer öffentlich veranstalteten Pressekonferenz die grundsätzliche Überarbeitung des energiepolitischen Grundsatzplans angekündigt.

Sicherlich hatte ich zu dem Zeitpunkt nicht vom „Ausstieg aus der Kernenergie" gesprochen, aber tatsächlich wurde damit der Weg dafür bereitet. Mindestens stand im Raum, dass der für 2030 geplante 50%-Anteil der Kernenergie von Grund auf überdacht würde. Damit war natürlich auch impliziert, dass der Anteil geringer sein würde als heute.

Die Ausarbeitung eines neuen energiepolitischen Grundsatzplans wurde vom nachfolgenden Kabinett Noda übernommen; dieser Prozess macht unter Anhörung vieler Stimmen aus der Bevölkerung Fortschritte. Startpunkt dafür war diese Pressekonferenz.

Angriff über die „Meerwasseraffäre"

Nachdem ich am 6. Mai die Stilllegung von Hamaoka veranlasst und begonnen hatte, mich deutlich in Richtung Ausstieg aus der Kernenergie zu positionieren, wurden die Angriffe auf mich stärker.

Der erste Schuss dazu war die „Meerwasseraffäre". Am 21. Mai erschienen in der Yomiuri Zeitung und in der Sankei Zeitung Artikel, die den Schluss nahelegten: „Weil Premierminister Kan die Einleitung von Meerwasser gestoppt hat, hat die Kernschmelze eingesetzt." Aber das geht vollkommen an den Tatsachen vorbei. Wie im vorherigen Kapitel geschildert, wusste ich nicht, dass die Meerwasserflutung begonnen hatte, und ich hatte auch keine Anweisung gegeben, den Prozess aufzuhalten. Wie später bekannt wurde, hatte darüber hinaus Werksleiter Yoshida, obwohl er vom TEPCO-Management per Telefon die Anweisung zur Unterbrechung des Prozesses erhalten hatte, diese Anweisung ignoriert und die Flutung fortgesetzt, weil er das für erforderlich gehalten hatte. Weiterhin wurde im Nachhinein bekannt, dass die Kernschmelze in Reaktor Nr. 1 bereits am 11. März gegen 20 Uhr vor der Wassereinleitung eingesetzt hatte. Diese Zeitungsberichte gingen daher in jeder Hinsicht an den Tatsachen vorbei.

Ankündigung in Frankreich: Sonnenpaneele auf 10 Millionen Dächern

Ab der zweiten Hälfte des Mai wurde die politische Lage immer angespannter und der auf meinen Rücktritt abzielende Druck immer größer. Ab dem 25. Mai war in Frankreich ein Gipfeltreffen angesetzt.

Auf einer Rede am 25. Mai in Paris aus Anlass des 50jährigen Bestehens der OECD verkündete ich folgendes Ziel: „Der Anteil der erneuerbaren Energien an der gesamten Stromerzeugung soll ab 2020 möglichst schnell 20% erreichen und zum Ende des Jahrzehnts die 20% zumindest überschreiten."

Konkret sollten die Kosten für Sonnenstrom im Jahre 2020 bis auf ein Drittel und im Jahre 2030 bis auf ein Sechstel des heutigen

Niveaus sinken. Eine weitere Zielvorgabe war, auf 10 Millionen Hausdächern im Lande Sonnenpaneele zu errichten. Außer durch Sonnenenergie sollte noch die Entwicklung der Stromerzeugung durch große Offshore-Windkrafträder, durch Biomasse-Technik der nächsten Generation und durch Erdwärme vorangebracht werden.

Auf dem G8-Gipfel in Deauville erhielt ich viel Zuspruch für die disziplinierte Reaktion der Japaner während der Naturkatastrophe. Das Treffen endete in guter Atmosphäre, und am 29. Mai kehrte ich nach Japan zurück.

Die politischen Fronten geraten in Bewegung

Die Kampagne gegen mich erreichte ihren Höhepunkt mit der Einbringung des Misstrauensvotums gegen das Kabinett Kan am 2. Juni. Der frühere Vorsitzende der DPJ Ozawa[*] bot dem früheren Premierminister Mori Yoshirō von der LDP an, sich mit seiner Gruppe bei einem möglichen Misstrauensvotum gegen mich, der ich mich für einen Ausstieg aus der Kernenergie positioniert hatte, zu beteiligen. Laut einem Interview mit Mori in der Sankei Zeitung vom 7. Juli 2011 habe Ozawa ihm ein gemeinsam zu unterzeichnendes Schriftstück mit den Worten entgegengehalten: „Wenn die LDP ein Misstrauensvotum einbringt, werden wir uns beteiligen. Nachdem wir das Kabinett Kan zu Fall gebracht haben, bilden wir dann eine große Koalition mit dem Parteivorsitzenden Tanigaki als Premierminister!"

Um das Misstrauensvotum abzuwenden, habe ich am 2. Juni vor den Abgeordneten im Plenum des Parlaments folgendes erklärt: „Wenn wir im Kampf gegen die Naturkatastrophe gewisse Fortschritte erzielt haben, und wenn damit die mir zufallenden Aufgaben bis zu einem bestimmten Grad erfüllt wurden, dann werde ich die Verantwortung an die nächste Generation abgeben." Dann forderte ich zu einer Ablehnung des Misstrauensvotums auf. Im Ergebnis stimmte die Mehrheit der DPJ-Abgeordneten einschließlich des früheren Parteivorsitzenden Hatoyama gegen den Antrag, so dass dieser mit großer Mehrheit abgelehnt wurde. Ozawa nahm an der Abstimmung nicht teil.

---

[*] Ozawa Ichirō war der parteiinterne Widersacher Kans in der DPJ. Bei der Nominierung zum Premierminister 2010 war er erfolglos gegen Kan angetreten. (A.d.Ü.)

Die Amtsperiode des Premierministers ist weder in der Verfassung noch im Kabinettsgesetz geregelt. Wenn ein Misstrauensantrag angenommen wird, gibt es nur die Wahl zwischen Rücktritt und Auflösung des Parlaments. Unabhängig davon, ob das Parlament aufgelöst wird, oder ob nach einer vollen Legislaturperiode gewählt wird, erfolgt der Rücktritt des Premierministers in der ersten Parlamentssitzung nach der allgemeinen Wahl. Daraufhin wird ein neues Regierungsoberhaupt ernannt. Nur das ist in der Verfassung geregelt. Man kann daraus schließen, dass die Amtszeit des Premierministers in etwa mit der Amtszeit eines Unterhausabgeordneten korrespondieren soll.

Ich selbst wollte das Amt für einige Jahre ausüben. Das hängt mit meiner Überzeugung zusammen, dass der Wechsel von Premierministern nach kurzen Perioden dem Land nicht zum Vorteil gereicht. Eigentlich sollte es die Regel sein, dass der Premierminister, der eine Wahl gewonnen und einen Regierungswechsel herbeigeführt hat, für vier Jahre sein Amt ausübt. Aber mit den Worten „nach Erzielung gewisser Fortschritte werde ich die Verantwortung an die nächste Generation abgeben" musste ich ein Auseinanderbrechen der DPJ verhindern. Ich kam damit zu dem Schluss, dass die Ausübung des Amtes über die volle Legislaturperiode unmöglich war.

Auf der Pressekonferenz am 2. Juni äußerte ich mich zum Zeitpunkt meines Rücktritts wie folgt: „Sobald wir beim Wiederaufbau nach dem Erdbeben und bei der Eindämmung des Atomunfalls gewisse Fortschritte erzielt haben."

Das Sondergesetz über erneuerbare Energien

Ein Gesetzesvorhaben, welches ich auf jeden Fall noch mit meinem Kabinett zum Erfolg führen wollte, war das Sondergesetz zur besonderen Förderung von erneuerbaren Energien.

Es war ein Gesetz, das die Energieversorger dazu verpflichtete, mit Hilfe von erneuerbaren Energien erzeugten Strom für eine bestimmte Periode zu einem festen Preis zu kaufen. Bei Umsetzung würde das die Verbreitung von erneuerbaren Energien beflügeln und im Ergebnis zum Ausstieg aus der Kernenergie beitragen. Zufällig wurde diese Gesetzesvorlage am 11. März, unmittelbar vor dem Erdbeben, vom Kabinett verabschiedet und an das Parlament weitergereicht.

Seit Herbst des vorangegangenen Jahres fungierte der Journalist Shimomura Ken'ichi, mit dem ich seit 30 Jahren befreundet war, als der für die Öffentlichkeitsarbeit zuständige Kabinettsberater. Auf seinen Vorschlag hin wurde auf der Homepage des Premierministeramtes ein von mir persönlich geführter Blog eingerichtet, der auch heute noch einsehbar sein sollte. Ab dem 6. Juni habe ich mich dort in unregelmäßigen Abständen zu Energiefragen geäußert. Mein erster Beitrag lautete wie folgt:

Ich und die Windenergie

Die Regierung hat einen Gesetzentwurf in das Parlament eingebracht, der einen großen Schritt hin zu einem „neuen Zeitalter" bedeutet. Die Ursprünge des Gesetzesentwurfs reichen über 30 Jahre in die Vergangenheit zurück. Zum Ende des Jahres 1980, während meiner ersten Amtsperiode als Parlamentarier, fuhr ich nach Amerika, um dort mit verschiedenen Bürgergruppen in Kontakt zu treten. Während der Reise besuchte ich ein Testzentrum für Windkraft in einem Außenbezirk von Denver, in dem mit mehreren Dutzend Arten von Windenergie experimentiert wurde.

Auf meine Frage: „Was machen Sie denn mit der erzeugten Energie?" erhielt ich zur Antwort: „Die schicken wir über die Stromleitung zurück und verkaufen sie an den Energieversorger". Auf diese Weise konnte die Energie, die man nicht selbst verbrauchte, nutzbringend verwertet werden. Nach meiner Rückkehr bemühte ich mich sofort darum, in Japan ein gleiches Projekt auf die Beine zu stellen. Aber leider stieß ich dabei gegen die Wand des Energieversorgungsgesetzes, das den Einkauf bei den Energieversorgern begrenzte.

Auch im Inland startete die damalige Behörde für Wissenschaft und Technik unter der Überschrift „Die Zukunft gehört dem Wind" ein Versuchsprojekt zur Stromerzeugung mit Windkraft, für das ich im Parlament meine Unterstützung äußerte. Ich besichtigte zudem zwei von TEPCO auf der Insel Miyake errichtete große Windkraftanlagen. Aber am Ende wurden die Projekte eingestellt, da sie sich nicht rechneten.

Es ist über 30 Jahre her, seit ich zum ersten Mal ins Parlament gewählt wurde. In diesem Zeitraum wurden Wind- und Sonnenenergie von den Energieversorgern wie ungebetene Gäste behandelt. Im Ergebnis wurde die Entwicklung dieser Formen der Energieerzeugung, obwohl hervorragende Technologien zur Verfügung standen, nicht wirklich vorangetrieben, so dass wir gegenüber den Ländern Europas erheblich hinterherhinken. Den jüngsten Atomun fall nehmen wir zum Anlass, den energiepolitischen Grundsatzplan von Grund auf zu überarbeiten. Dabei möchte ich natürliche Energien wie die aus Sonne und Wind als Grundenergie des „neuen Zeitalters" entwickeln.

Ein großer Schritt in diese Richtung ist die Etablierung eines Systems, bei dem Strom aus natürlichen Energien zu einem festen Preis eingekauft wird. Wenn das gelingt, kann die Gesetzeswand, gegen die ich als junger Parlamentarier gestoßen bin, durchbrochen werden. Daher wurde ein Gesetzentwurf für ein Fixpreissystem bis zur Stufe eines Kabinettsbeschlusses gebracht. Das war am 11. März. Aber an dem Tag ereignete sich dann das Erdbeben.

Aus dem Grund haben wir uns ein bisschen verspätet, aber der Gesetzentwurf ist jetzt ins Parlament eingebracht worden. Wird das Gesetz erfolgreich verabschiedet und wird der Preis auf einem Niveau festgesetzt, das eine schnelle Rentabilität verspricht, dann werden wir eine explosionsartige Verbreitung der Stromerzeugung auf der Basis von Wind und Sonne erleben.

Am Ende wurde das Sondergesetz über erneuerbare Energien am 26. August verabschiedet. Es war die letzte Aufgabe meines Kabinetts. Meine dazu in den Fernsehnachrichten übertragene Erklärung vor dem Parlament wurde berühmt: „Es gibt Leute im Parlament, die mein Gesicht nicht mehr sehen wollen. Wenn Sie es nicht mehr sehen wollen, sollten Sie so schnell wie möglich das Sondergesetz über erneuerbare Energien verabschieden. Denn damit wäre ein ,gewisser Fortschritt' erzielt."

Das lachende Gesicht kehrt zurück: Die offene Konferenz

Nachdem ich die Stilllegung des Atomkraftwerks Hamaoka veranlasst hatte, erhielt ich die Unterstützung einer Reihe von Leuten, die diese Aktion als Einleitung einer Energiewende in Richtung Atomausstieg interpretiert hatten. Nachdem dann die Verabschiedung des Gesetzes über erneuerbare Energien als konkretes Ziel im Raum stand, verdichtete sich die Unterstützung für den Atomausstieg hin zu einer Bewegung.

Am Sonntag, dem 12. Juni, wurde im Premierministeramt die „Offene Konferenz mit Premierminister und Experten" zum Thema natürliche Energien eröffnet, die live im Internet übertragen wurde. Die Hauptrolle bei der Veranstaltung übernahm Tasaka Hiroshi,

Professor der Tama Universität und Kabinettsberater. Teilnehmer waren weiterhin Son Masayoshi, Präsident von Softbank, Okada Takeshi, der frühere Trainer der Fußballnationalmannschaft, und andere prominente Gäste. Es war eine sehr bedeutsame Konferenz. Deren Videoaufzeichnung kann auch heute noch auf der Homepage des Premierministeramtes auf den Seiten des „Kabinett Kan" abgerufen werden.

Zu Beginn der Konferenz richtete ich folgende Begrüßungsworte an die Teilnehmer: „Bisher waren fossile Brennstoffe und die Atomenergie die beiden großen Säulen. Dazu müssen als weitere Säulen die natürlichen, die erneuerbaren Energien und die Energieeffizienz treten. Die Entwicklung dieser beiden Säulen ist auch für das weitere Wachstum und natürlich für die Gesellschaft in Japan von immenser Bedeutung. ... Auf Basis meiner jetzigen Position haben wir als Regierung die Richtung vorgegeben, in der Dekade ab 2020 frühzeitig einen Anteil von mindestens 20% für die natürlichen Energien zu erreichen."

Später äußerte ich mich auf der Konferenz noch wie folgt:

„Ich habe oftmals in meiner Eigenschaft als „höchster Verantwortlicher der Politik" gesprochen, aber in die Diskussionen auf dieser Konferenz bringe ich mich auch als „Individuum" ein. Das ermöglicht mir eine natürlichere Ausdrucksweise, die offenbar positiv aufgenommen wird.

Seit dem Erdbeben und dem Atomunfall gab es nur wenige Momente, die erfreulich waren und ein Lachen ermöglichten. Gerade als wir den Höhepunkt der Atomkrise überschritten hatten, warteten die harten politischen Auseinandersetzungen. Für mich ist daher diese Offene Konferenz mit Leuten, die nichts mit der aktuellen Politik zu tun haben, und wo ich mich über mein Lieblingsthema Wissenschaft austauschen kann, nach langer Zeit mal wieder eine erfreuliche Veranstaltung. Einmal wurde ich sogar von der Moderatorin ausgelacht, als ich meine Theorie von den Pflanzen, die die Welt retten, präsentierte.

Durch diese Konferenz verspüre ich das Vorherrschen eines sehr starken Drangs, die Verbreitung der natürlichen Energien zu fördern. Bereits früher habe ich von vielen einzelnen Aktionen gehört. Ich spüre, dass sich diese „Punkte" zu einer „Fläche" verbinden. Ich glaube, das hat etwas damit zu tun, dass jeder Bürger anfängt darüber nachzudenken, welchen Beitrag er leisten sollte."

Auch in der darauffolgenden Woche wurde wieder eine Offene Konferenz veranstaltet, diesmal unter der Überschrift „Offener Dialog zwischen Premierminister und Bürgern". Dort wurden die Fragen beantwortet, die während der Konferenz am 12. per Twitter eingegangen waren. Aus dem Premierministeramt heraus gab ich direkte Kommentare und Antworten, und im ganzen Land versammelten sich Gruppen von Zuhörern an bestimmten Plätzen und tauschten Nachrichten aus. Ich begrüßte sie mit den Worten: „Auch heute stehe ich in der sehr wichtigen Position des Premierministers vor Ihnen und muss mich daher in zurückhaltender Weise äußern. Gleichzeitig möchte ich aber auch meine persönlichen Gedanken übermitteln."

Zu der Zeit hatten wir bereits die Ministerkonferenz Energie und Umwelt innerhalb des Nationalen Strategiebüros etabliert. Die bisher im Wirtschaftsministerium angesiedelte Energiepolitik war auf unterschiedliche Behörden wie das Umwelt- und das Landwirtschaftsministerium verteilt worden. Deren erste gemeinsame Sitzung fand am 22. Juni statt. Das war eine wichtige Maßnahme für die Reform der Verwaltung in Richtung Ausstieg aus der Kernenergie.

Die Verabschiedung des Wiederaufbaugesetzes

Am 25. Juni wurde eine Sitzung des Wiederaufbaukomitees für Ost-Japan eröffnet. Dort wurde ein Dokument mit Vorschlägen unter dem Titel „Vorschläge für den Wiederaufbau – Hoffnung in der Not" übergeben. Es war die 12. Sitzung des Komitees, dessen erste am 14. April stattgefunden hatte.

Ich äußerte mich dazu wie folgt: „Wir nehmen hier auch für künftige Generationen gewichtige Vorschläge entgegen, die sich mit wirklich großen Themen wie den Problemen der Wirtschaft, der Verfassung von Gesellschaft und Gemeinden und den Folgen des Atomunfalls auseinandersetzen. Ich möchte diese Vorschläge im Sinne des Wiederaufbaus im größtmöglichen Umfang mit Leben erfüllen.

Das Wiederaufbaugesetz ist bereits verabschiedet worden und dessen amtliche Verkündung befindet sich in Vorbereitung. Anfang kommender Woche nimmt die Wiederaufbauzentrale offiziell ihre Arbeit auf. Diese wird ihre Arbeitsprinzipien auf Basis dieser Vorschläge definieren."

Das Wiederaufbaugesetz war am 20. Juni verabschiedet worden.

Mit der Verabschiedung des Wiederaufbaugesetzes ging auch die Ernennung eines neuen Ministers für Wiederaufbau einher. Damit gelang schließlich die sehnlichst gewünschte Erweiterung des Kabinetts um eine Person. Ich bat den bisherigen Katastrophenschutzminister Matsumoto Ryū, der seit dem Erdbeben viel Herzblut in den Wiederaufbau des Unglücksgebietes gesteckt hatte, das neue Amt zu übernehmen.[18]

Hilfen für das Unglücksgebiet, einschließlich Fukushima, müssen auch weiterhin mit langem Atem fortgesetzt werden.

Die Geburt des Staatsministers für die Atomaufsicht

Am 26. Juni wurde gleichzeitig mit Matsumoto als Wiederaufbauminister mein Assistent Hosono zum Staatsminister für die Atomaufsicht ernannt.

Ich hatte mir die Freiheit genommen, noch zu dem Zeitpunkt Hosono zum Minister zu befördern, weil ich die grundlegende Neuorganisation der öffentlichen Verwaltung mit Bezug zu Atomfragen einleiten wollte. Auch Minister Kaiëda hatte zugestimmt, die Atomaufsichtsbehörde aus dem Wirtschaftsministerium herauszulösen; mit der Ernennung eines Staatsministers wollte ich diese Maßnahme zur Gewissheit machen. Dafür kam dann niemand mehr in Betracht als Hosono, der durchgehend seit März für die Bekämpfung des Atomunfalls als operativer Leiter der gemeinsamen Notfallzentrale von Regierung und TEPCO verantwortlich war.

Bisher gab es im Kabinett in der Gestalt des Wirtschaftsministers bloß einen Minister, der für die Förderung der Kernenergie verantwortlich war. Durch diese Personalie wurde dem jetzt ein Minister gegenübergestellt, der für Regulierungsfragen zuständig war. Nach dem Verständnis der Bürokratenwelt von Kasumigaseki besaß ein Beamter keine Berichtspflichten einem Assistenten des Premierministers gegenüber. Einem Minister gegenüber waren die Beamten des betreffenden Gebietes jedoch Rechenschaft schuldig. Durch die Ernennung von Hosono zum Minister wurde innerhalb des Kabinetts, d.h. innerhalb der Regierung, ein System von „Checks and Balances" errichtet. Mit der Bevollmächtigung von Minister Hosono für die Neuordnung der Kernenergie war die zweite Stufe erreicht, um die kollusiven Strukturen in diesem Bereich aufzubrechen.

Auf der Pressekonferenz zur Verkündung dieser Personalentscheidung gab ich auch erstmals öffentlich die Bedingungen für meinen Rücktritt bekannt: Dies waren die Verabschiedung des zweiten Nachtragshaushalts, des Gesetzes zur Förderung von erneuerbaren

Energien und des Sondergesetzes für die Ausgabe von Staatsanleihen.

Die Affäre um das Wiederanfahren des Genkai Atomkraftwerks

Nach der Stilllegung des Hamaoka Atomkraftwerks betrieb das Wirtschaftsministerium das Wiederanfahren des Genkai Atomkraftwerks, ohne mich darüber zu informieren. Man ging davon aus, dass es in diesem Fall leicht fallen dürfte, das Einverständnis der lokalen Gebietskörperschaften einzuholen. Nachdem Wirtschaftsminister Kaiëda jedoch die Präfektur Saga, wo der Standort der Anlage war, besucht hatte, wurde über die Medien folgende Verlautbarung von Gouverneur Furukawa Yasushi übermittelt: „Dazu möchte ich gerne die Meinung des Premierministers wissen."

Daher erkundigte ich mich bei Minister Kaiëda: „Haben Sie die Meinung der Nuklearen Sicherheitskommission eingeholt und alle sonstigen Maßnahmen ergriffen, um eine hinreichende Sicherheit zu gewährleisten?" Kaiëda gab die Frage an einen neben ihm sitzenden Beamten weiter, der darauf antwortete: „Nach geltendem Atomrecht erfolgt ein Wiederanfahren nach dem Beschluss der Atomaufsichtsbehörde. Die Meinung der Nuklearen Sicherheitskommission wurde nicht eingeholt.", worauf ich erwiderte: „Es mag ja sein, dass dies nach bereits vor 3/11 geltendem Recht der Fall ist, aber die Sache alleine auf Basis eines Beschlusses der Atomaufsichtsbehörde zu entscheiden, die den Fukushima Atomunfall nicht verhindert hat, würde nicht auf das Verständnis der Bevölkerung stoßen." Daraufhin gab ich Anweisung, die Nukleare Sicherheitskommission zu involvieren und die Einführung eines Stresstests zu überprüfen.

Am 21. Juni hatte die Internationale Atomenergieorganisation (IAEO) im Rahmen eines mit der Kernenergie befassten Unterkomitees der Ministerkonferenz beschlossen, die von Generaldirektor Amano vorgeschlagene Sicherheitsüberprüfung aller Atomkraftwerke in allen Mitgliedsländern durchzuführen. Das ist der sog. „Stresstest", bei dem Worst-Case-Szenarien wie große Naturkatastrophen simuliert werden. Bei dieser Sitzung des Unterkomitees wurde auch der Fukushima Atomunfall einer vorläufigen Bewertung unterzogen. An dieser Konferenz hatte Minister Kaiëda teilgenommen.

Auch auf Basis der IAEO Konferenz gab ich Anweisung an die Minister Kaiëda, Hosono und an Kabinettssekretär Edano, als konkrete Maßnahme für das Wiederanfahren bis zur Verabschiedung neuer Gesetze vorläufige Regeln aufzustellen, die auf Zustimmung der Bevölkerung stoßen würden.

Schlüssel dafür waren neben den Stresstests die Involvierung der Nuklearen Sicherheitskommission beim Wiederanfahren und das Einverständnis der lokalen Gebietskörperschaften. Außerdem mussten letztendlich noch der Wirtschaftsminister, der Atomminister, der Kabinettssekretär und der Premierminister ihre Zustimmung erteilen.

Mitte Juli wurde die Affäre mit den „Anweisungsmails" enthüllt. Mit Blick auf das Wiederanfahren der Reaktoren 2 und 3 des Genkai Atomkraftwerks richtete das Wirtschaftsministerium eine „Informationsversammlung für die Bürger von Saga" aus. Die Kyūshū Elektrizitätswerke wiesen dafür die Mitarbeiter aller ihrer verbundenen Unternehmen an, Unterstützungsmails für den Wiederbetrieb zu senden. Durch diese Enthüllung ist das Wiederanfahren des Genkai Atomkraftwerks in weite Ferne gerückt.

Stresstests

Zu den Stresstests habe ich mich auf der Homepage des Premierministeramtes wir folgt geäußert:

Über die Einführung von Stresstests für jedes Atomkraftwerk haben wir gestern im Kabinett Einvernehmen erzielt. Ich habe die Aufstellung von Regeln angeordnet, die von allen Bürgern akzeptiert werden können, und ich glaube, dass wir in dieser Richtung erfolgreich waren. Die Ergebnisse beruhen nicht auf spontanen Eingebungen, sondern wurden aufgrund sorgfältiger Diskussionen rund um die Themen „Sicherheit" und „Vertrauen" erzielt.

Die Atomaufsichtsbehörde ist innerhalb des Wirtschaftsministeriums angesiedelt. „Förderung" und „Kontrolle" werden damit von derselben Stelle verantwortet. Dieser Widerspruch muss aufgelöst werden. Dieser Punkt ist nicht plötzlich auf den Tisch gekommen, sondern darauf wurde schon im Bericht der Internationalen Atomenergieorganisation hingewiesen. Folgt man diesem Grundgedanken, kann es natürlich auch nicht sein, dass die Entscheidung über das Wiederanfahren von Atomkraftwerken nur der Atomaufsichtsbehörde überlassen wird. Auch wenn das nach geltendem Recht der Fall ist, sollte tatsächlich die Nukleare Sicherheitskommission als unabhängige Einrichtung involviert werden. Das jedenfalls ist das Fundament der jetzigen politischen Entscheidungen. Gleichzeitig damit haben wir bereits mit den Untersuchungen zur Frage der grundsätzlichen Neuaufstellung der gesamten Atomaufsicht begonnen.

Auf der anderen Seite müssen wir als Regierung auch für den momentanen Energiebedarf Sorge tragen und ebenfalls in dieser Hinsicht das Vertrauen sicherstellen. Dafür habe ich jetzt die Anweisung gegeben, in naher Zukunft konkrete Konzepte für die vermehrte Eigenstromerzeugung in Unternehmen und für Energieeinsparungsmaßnahmen zu erstellen, mit denen die Stromversorgung gesichert werden kann.

Der bisherige energiepolitische Grundsatzplan wird von Grund auf überarbeitet, mittel- und langfristig wird die Einführung von erneuerbaren Energien und von Energieeinsparungsmaßnahmen gefördert, und von der Abhängigkeit von der Kernenergie werden wir uns befreien – das sind die klaren Entscheidungen. Wie weit können wir diese im Tagesgeschäft Stück für Stück umsetzen? Dafür setzte ich mich auch heute mit ganzer Kraft ein.

Die Ankündigung des Atomausstiegs

Auf einer Pressekonferenz am 13. Juli habe ich als amtierender Premierminister schließlich meine Absicht kundgetan, auf eine Gesellschaft, die ohne Kernenergie auskommt, hinzuarbeiten. Den betreffenden Teil der Pressekonferenz möchte ich hier zitieren:

„Ich möchte hier etwas deutlicher meine Meinung zur Kernenergie und zur Energiepolitik erläutern.

Bis zur Erfahrung mit dem Atomunfall am 11. März hatte ich die Kernenergie für sicher gehalten und ihre Nutzung befürwortet. Auf dieser Basis fußten meine Vorstellungen zur Energiepolitik, und so hatte ich mich geäußert. Aber durch die Erfahrung des großen Unfalls ist mir das Ausmaß des Risikos bewusst geworden, wenn man nur daran denkt, die Menschen im Umkreis von 10 oder 20 km evakuieren zu müssen. Im schlimmsten Fall wäre vielleicht auch noch eine Evakuierung in einem noch größeren Umkreis erforderlich gewesen. Weiterhin mag zwar die schrittweise Eindämmung des Unfalls gelingen, aber bis zur endgültigen Verschrottung der Reaktoren wird es 5 Jahre, 10 Jahre oder noch länger dauern. Eingedenk eines solch großen Unfallrisikos lassen sich die bisherigen Annahmen mit Bezug auf die Gewährleistung von Sicherheit nicht aufrechterhalten. Mir ist schmerzlich bewusst geworden, dass dies zum Wesen dieser Technologie gehört.

Ich bin daher zu dem Schluss gekommen, dass die japanische Kernenergiepolitik auf eine Gesellschaft, die ohne diese Energie auskommt, abzielen sollte. Es sollte mit anderen Worten die planmäßige und stufenweise Reduzierung der Abhängigkeit von der Kernenergie erfolgen. In Zukunft sollten wir eine Gesellschaft realisieren, die auch ohne die Kernenergie voll funktionsfähig ist. Ich bin zu der Überzeugung gelangt, dass unser Land diese Richtung einschlagen sollte.

Auf der anderen Seite trägt die Regierung Verantwortung für die sichere Energieversorgung von Bürgern und Unternehmen. Wenn alle Bürger und alle Verantwortlichen in den Unternehmen hinreichend sensibilisiert sind und kooperieren – etwa durch Stromeinsparungen in den Stoßzeiten dieses Sommers oder durch Aktivitäten der Eigenstromerzeugung – dann werden wir die Sache auch bewältigen. Ich habe die zuständigen Minister bereits angewiesen, einen Plan für die konkrete Struktur des Energieangebots aufzustellen.

Sicherheit und Vertrauen für die Menschen sind die Leitlinien meines Handelns. Darauf basierten meine Aufforderung, das Atomkraftwerk in Hamaoka stillzulegen und meine Anordnung zur Einführung von Stresstests. Darauf basieren auch meine soeben dargelegten Grundüberzeugungen zur Kernenergie, anhand derer ich konsequent meine weiteren Aktionen ausrichten möchte. So habe ich auch mit dem Wirtschaftsminister Einvernehmen darüber hergestellt, dass es erforderlich ist, die für Sicherheitskontrollen zuständige Atomaufsichtsbehörde aus dem Wirtschaftsministerium, das für die Förderung der Kernenergie steht, herauszulösen. Dieser Punkt wurde bereits im Bericht der Internationalen Atomenergieorganisation angemahnt.

Ich bedauere, dass ich diese Aktionen erst so spät auf den Weg gebracht habe. Aber ich möchte auf der Basis meiner hier dargelegten Philosophie zu Atomkraftwerken und zur Kernenergie eine fundamentale Neuordnung der gegenwärtigen Strukturen der Atomaufsicht herbeiführen. Weiterhin möchte ich mich aktiv für die Förderung der erneuerbaren Energien und der Energieeffizienz einsetzen. Diesen Weg möchte ich mit aller Konsequenz beschreiten."

Im Anschluss wurde ich gefragt, ob denn diese Ankündigung des Atomausstiegs die kollektive Regierungsmeinung widerspiegele, worauf ich förmlich antwortete, dass es sich um meine persönliche Meinung handele. Tatsächlich lag kein Kabinettsbeschluss vor, und die Koordination unter den Ministerien und Behörden war noch nicht abgeschlossen. Aber durch diese „persönliche Meinungsäußerung" wollte ich klarstellen, wie die Spitze denkt und damit eine grobe Richtungsvorgabe machen. Überdies machten wir uns gleich daran, den Atomausstieg als Regierungsgrundsatz zu formulieren.

Die Kabinettsentscheidung zur Reduzierung der Abhängigkeit von der Kernenergie

Am 29. Juli, zwei Wochen nach meiner Erklärung zum Ausstieg aus der Kernenergie auf der Pressekonferenz am 13. Juli, hielten wir eine Kabinettssitzung zum Thema Energie und Umwelt ab. Dort wurde die Entscheidung getroffen, die Abhängigkeit von der Kernenergie zu reduzieren. Weiterhin wurde entschieden, bei der Aufstellung von Strategien zur Umsetzung dieses Ziels nicht nur auf Regierung und Experten zu setzen, sondern auch einen Schwerpunkt auf die Meinungsbildung in der Bevölkerung zu legen.

Zum Abschluss der Sitzung gab ich folgende Erklärung: „Heute ist uns wirklich als Regierung der Startschuss für eine innovative Energie- und Umweltstrategie geglückt. Im Folgenden werden wir Diskussionen auf breiter Front führen, die sich im Laufe eines Jahres zu einem Gesamtbild verdichten sollen. Auf Basis dieses Zwischenergebnisses werden Kabinett und Regierung dann eine Richtungsvorgabe machen und auf dieser Linie die Sache weiter vorantreiben. Dafür möchte ich um Ihren vollen Einsatz bitten."

Die Entscheidungen auf dieser Sitzung wurden nach meinem Rücktritt auch vom Kabinett Noda getragen. Tatsächlich entwickelte sich eine breite öffentliche Diskussion. Dies führte dann ein gutes Jahr später, im September 2012, zu dem Grundsatz: Es werden alle politischen Hebel in Bewegung gesetzt, um bis zum Jahre 2030 den vollständigen Verzicht auf Atomkraft zu realisieren.

Noch eine Aufgabe – Die integrierte Reform von sozialer Sicherung und Steuern

Die integrierte Reform von sozialer Sicherung und Steuern war eine politische Aufgabe, die ich seit meinem Amtsantritt als Premierminister unbedingt erledigen wollte. Durch den fortschreitenden demographischen Wandel wurde die Staatskasse für Krankenversicherung, Renten und Pflege Jahr für Jahr um zusätzlich 1 Billion Yen belastet. Und diese zusätzlichen Ausgaben wurden in den letzten 10 Jahren ausschließlich mit Hilfe von Staatsanleihen, d.h. durch die Aufnahme von Schulden, finanziert.

Diese Tatsache ist der LDP, die über lange Jahre die Regierung gestellt hat, wohlbekannt. Die LDP hat dieses Problem selbst unter dem Kabinett Koizumi[*], das sich großer Beliebtheit erfreute, auf die lange Bank geschoben. Als Finanzminister in der Regierung Hatoyama erlebte ich auch die Griechenlandkrise. Sicherlich werden die japanischen Staatsanleihen fast alle im Inland platziert, aber das bedeutet nicht, dass wir uns sorglos zurücklehnen können. Wenn japanische Staatsanleihen als riskant im Markt eingeschätzt werden, kann es jederzeit zu drastischen Zinssteigerungen kommen.

Mit diesem Krisenbewusstsein habe ich gleich nach meiner Ernennung zum Premierminister und kurz vor den Wahlen zum Oberhaus eine Erhöhung der Mehrwertsteuer ins Spiel gebracht. Konkret habe ich weiter den von der LDP angeregten Steuersatz von 10% als Basis der Überlegungen angegeben. Bei der Oberhauswahl erlitten wir dann große Verluste. Viele Parteifreunde verloren ihre Parlamentssitze, wofür ich einen großen Teil der Verantwortung trage. Durch das Wahlergebnis ergab sich weiterhin eine Pattsituation zwischen Unterhaus und Oberhaus im Parlament, die das Regieren erheblich erschwerte. Auch dafür muss ich die Verantwortung übernehmen.

Aber bei dieser integrierten Reform von sozialer Sicherung und Steuern gibt es keine Regierung und Opposition. Es musste möglich sein, dieses Thema anzugehen, ohne es zum Gegenstand der politischen Auseinandersetzung zu machen. Dafür hatte ich den parteilosen Abgeordneten Yosano Kaoru ins Kabinett geholt.[19] Während ich seitdem große Teile meiner Zeit den Maßnahmen gegen die Erdbenkatastrophe widmen musste, hat sich Yosano mit ganzer Kraft für die Fiskalreform eingesetzt. Auf einer gemeinsamen Sitzung von Regierung und Opposition wurden dann am 30. Juni Entwürfe für die integrierte Reform von sozialer Sicherung und Steuern sowie die Neuordnung der Sozialversicherungs- und Steuernummern verabschiedet. Die Regierung Noda setzte die Arbeit an diesen Themen fort.

---

[*] Koizumi Jun'ichirō, Premierminister von 2001–2006 (A.d.Ü.)

Dem Rücktritt entgegen

Der Monat August steht unter dem „Zeichen des Atoms". Am 6. nahm ich in Hiroshima und am 9. in Nagasaki an den Gedenkfeiern und Friedensgebeten teil. Bei der Feier in Hiroshima äußerte ich mich wie folgt zum Atomunfall (und in fast gleicher Weise auch in Nagasaki):

„Wir werden die Energiepolitik unseres Landes von Grund auf neu fassen. Ich bereue zutiefst den sich um die Kernenergie rankenden ‚Sicherheitsmythos'. Wir werden den Unfallursachen nachhaltig auf den Grund gehen und drastische Maßnahmen zur Gewährleistung der Sicherheit ergreifen. Gleichzeitig werden wir die Abhängigkeit von der Atomkraft reduzieren und auf eine Gesellschaft, die nicht von der Atomkraft abhängig ist, zielen.

Ich fasse diesen Unfall als eine neue Lektion für die Menschheit auf. Es ist unsere Pflicht, die Lehren daraus zu ziehen und diese den Menschen in der ganzen Welt und den nachfolgenden Generationen zu übermitteln."

Am 15. August wurde vom Kabinett entschieden, die Abteilung für Atomsicherheit und -regulierung der Atomaufsichtsbehörde aus dem Wirtschaftsministerium herauszulösen. Als Außenbüro des Umweltministeriums wurde die Atomsicherheitsbehörde (vorläufige Bezeichnung) gegründet, unter der die Atomsicherheit und Atomregulierung betreffenden Aufgaben vereinheitlicht wurden.

Am 26. August wurden das Sondergesetz für die Ausgabe von Staatsanleihen und das Gesetz zur Förderung von erneuerbaren Energien verabschiedet. Da bereits auch schon der zweite Nachtragshaushalt verabschiedet worden war, waren alle drei von mir als wichtig erachteten Vorhaben damit umgesetzt. So erklärte ich meinen Rücktritt als Vorsitzender der DPJ.

Der Abschied

Für meine Pressekonferenzen habe ich mich grundsätzlich nicht einfach nur auf die Vorlagen der Beamten gestützt. Besonders aber für meine letzten Worte als Premierminister am 26. August haben die Politiker und politischen Mitarbeiter, die mich in meinem Amt unterstützt haben, gemeinsam alles gegeben, um meinen Gedanken Ausdruck zu verleihen. Bitte lesen Sie selbst:

„Unmittelbar nach dem Start meiner Regierung ging die Oberhauswahl verloren, und wir standen vor einer parlamentarischen Pattsituation. Bei der Wahl zum Parteivorsitzenden im September letzten Jahres wurde ich dann dank der Unterstützung vieler Parteifreunde und
anderer Menschen im ganzen Land wiedergewählt, aber dennoch
bewegten wir uns weiter in schwierigem politischen Fahrwasser. In
dieser Lage galt es, die für die Menschen notwendigen politischen
Projekte voranzutreiben. In diesem Sinne haben wir im Rahmen des
Kabinetts Kan ein Jahr und drei Monate lang alles gegeben, um die
verschiedenen Aufgaben im Inneren wie im Äußeren anzugehen.

Mein ehrliches Gefühl bei diesem Rücktritt ist, dass wir im Rahmen der schwierigen Umstände getan haben, was zu tun war. Mit
der Einleitung des Wiederaufbaus nach dem Erdbeben, der Eindämmung des Atomunfalls, der integrierten Reform von sozialer Sicherung und Steuern und anderen Projekten ist das Kabinett unbeirrt
seinen Weg gegangen. Es mag an meinem optimistischen Charakter
liegen, aber ich glaube, dass wir unter den schwierigen Bedingungen
einiges erreicht haben.

Ich entstamme keiner Politikerfamilie sondern habe meinen Weg
über die Bürgerbewegungen gemacht. Dennoch konnte ich das
wichtige Amt des Premierministers erringen und mit dem Gefühl,
das getan zu haben, was zu tun ist, ausfüllen. Das habe ich unter
allen Bürgern besonders der Wählerschaft in den Regionen zu verdanken, die mir ohne jede Erwartung von politischen Gefälligkeiten
nie ihre Unterstützung versagt hat.

Bei meinem Amtsantritt als Premierminister hatte ich gesagt,
dass ich auf eine Gesellschaft mit dem geringsten Ausmaß von
Unglück abziele. Ich bin der Überzeugung, dass sich die Staaten zu
allen Zeiten an dieser Zielsetzung orientieren sollten. So habe ich
mich auf der Wirtschaftsseite vor allem der Sicherung von Arbeitsplätzen gewidmet. Denn wer seine Arbeit verliert, der hat nicht nur
ein wirtschaftliches Problem, sondern der verliert auch seine soziale
Zugehörigkeit. Dies ist eine der Hauptursachen für Unglück.

Bei meiner neuen Wachstumsstrategie habe ich daher ein besonderes Augenmerk darauf gelegt, inwieweit diese geeignet ist, neue
Arbeitsplätze zu schaffen. Weiterhin haben wir besondere Arbeits-
gruppen für Themen eingesetzt, die bisher nicht im Fokus standen.
Genannt seien hier die Überführung der sterblichen Überreste der
im 2. Weltkrieg Gefallenen von der Insel Iwojima, die Maßnahmen
gegen schwer heilbare Krankheiten und Viren sowie die Programme
zur Verhinderung von Selbstmord oder Vereinsamung.

Die Erdbebenkatastrophe und das Atomunglück vom 11. März haben sodann meine Philosophie für die Verwirklichung einer Gesellschaft mit minimalem Unglück auf eine neue Stufe gestellt. Die jüngsten Erfahrungen haben uns gelehrt, dass, wenn in Japan, einer Inselgruppe mit weltweit einmalig vielen Erdbeben und einer großen Anzahl von Atomkraftwerken, einmal ein Atomunfall passiert, die Zukunft des Staates und seiner Bürger an sich gefährdet wird. Die unzureichenden Kräfte und Vorbereitungen, die ich als Premierminister so schmerzlich empfunden habe, hatten zur Folge, dass der Atomunfall von Fukushima nicht im Vorfeld verhindert werden konnte, und dass eine große Anzahl von Menschen schwer betroffen wurde. Ich höre hier Stimmen großer Sorge, vor allem von den Menschen mit kleinen Kindern. Bis zum letzten Tag möchte ich mich diesem Problem widmen.

Wenn ich auf die Woche nach dem Atomunfall zurückblicke, als wir einkaserniert im Premierministeramt darum kämpften, die Lage unter Kontrolle zu bringen, so gab es Schäden an mehreren Reaktoren und eine Wasserstoffexplosion nach der anderen. Wie sollte die Ausweitung der atomaren Schäden verhindert werden? Es lief mir wirklich täglich eiskalt den Rücken herunter.

Wenn ein Atomunfall wie dieser sich einmal ausweitet, ist die Evakuierung eines weiten Gebietes und sind langfristige Auswirkungen unvermeidbar. Wie soll man ein Risiko bewerten, bei dem die Existenz des Staates auf dem Spiel steht? Meine Schlussfolgerung dazu lautet, dass wir auf eine Gesellschaft abzielen müssen, die ohne Atomkraft auskommt. Das ist meine Schlussfolgerung.

Im Hintergrund des Atomunfalls stehen Probleme mit der Regulierung und Inspektion von Atomkraftwerken, mit der Verfassung von Verwaltung und Industrie und mit der Kultur, was durch das Schlagwort vom „Atomdorf" symbolisiert wird. Dies wurde mir erneut bewusst gemacht. Daher habe ich nicht nur darum gerungen, den Unfall unter möglichst geringen Schäden unter Kontrolle zu bringen, sondern auch die Verfassung von Atomaufsicht und Energiepolitik gründlich zu überdenken und zu reformieren.

Ich möchte veranlassen, dass eine breite öffentliche Diskussion ohne Tabus über die Sicherheit und Kosten der Kernenergie bis hin zur Frage der Endlagerung geführt wird.

Auch nach meinem Rücktritt als Premierminister möchte ich das Gespräch mit den Betroffenen fortsetzen und mich für Maßnahmen gegen die radioaktive Verseuchung sowie für eine grundlegende Reform der Atomaufsicht einsetzen. Weiter möchte ich größte

Anstrengungen für die Verwirklichung einer Gesellschaft unternehmen, die nicht von der Atomkraft abhängig ist. Das ist meine Verantwortung als derjenige Politiker, der während der Erdbebenkatastrophe und während des Atomunfalls als Premierminister im Amt war.

Die beispiellose Not des großen Erdbebens und der Atomkatastrophe hat die Japaner zusammengeschweißt in ihrem Bestreben, diese Krise zu überwinden. Für die Polizei, die Feuerwehr, den Küstenschutz, die Selbstverteidigungsstreitkräfte und die Mitarbeiter in der Atomanlage, die ohne Ansehen der Gefahren für Leib und Leben sofort nach dem Erdbeben für die Hilfs- und Rettungsaktionen ausgerückt sind, empfinde ich großen Stolz.

Besonders den Selbstverteidigungsstreitkräften, die allen im Lande vor Augen geführt haben, dass deren Bestimmung der Schutz der Nation und ihrer Menschen ist, bin ich als Oberbefehlshaber zu tiefstem Dank verpflichtet. Weiter möchte ich an dieser Stelle den Betroffenen des Unglücks, die auch morgen ihr Leben wieder in die Hand nehmen möchten, und den Menschen in den Gemeinden des Unglücksgebiets und im ganzen Land, die sie dabei unterstützen, von Herzen meinen Respekt und meinen Dank aussprechen.

Die gegenseitige Hilfsbereitschaft, die die Japaner nach dem großen Erdbeben an den Tag gelegt haben, ist in der ganzen Welt auf viel Anerkennung gestoßen. Und aus vielen Ländern der ganzen Welt erfahren wir sowohl materielle wie auch moralische Unterstützung. Wir sind also gleichsam dazu verpflichtet, uns von dieser Katastrophe zu erholen, und das Wohlwollen der Welt zu vergelten.

Besonders die von der amerikanischen Regierung für die Katastrophenbekämpfung initiierte „Operation Tomodachi" hat noch einmal konkret die große Bedeutung des japanisch-amerikanischen Bündnisses bestätigt. Auch unter dem Aspekt der Sicherheitspolitik leben wir in einer unsteten Welt. Die Außenpolitik unseres Landes wird auch weiter fest im amerikanisch-japanischen Bündnis verankert sein, um auf diese Weise die Sicherheit der Welt und Japans nachhaltig zu gewährleisten. Im Mai fand in Japan das Gipfeltreffen zwischen Japan, China und Süd-Korea statt. Die Oberhäupter beider Gastländer haben das Unglücksgebiet besucht, und ich glaube, wir haben ein gemeinsames Verständnis von der großen Wichtigkeit gegenseitiger Hilfe bei Naturkatastrophen und anderen Notlagen gewonnen.

Heute sieht sich die Welt weiterhin mit dem schwierigen Problem der eskalierenden Staatsverschuldung konfrontiert. Bei der Oberhauswahl gleich nach meiner Ernennung zum Premierminister hatte ich zur Debatte über die Finanzierung der sozialen Sicherung durch die Mehrwertsteuer aufgerufen. Diese Diskussion wurde seitdem geführt und gipfelte im Juni in der Verabschiedung des Plans zur integrierten Reform von sozialer Sicherung und Steuern.

Soziale Sicherung und die Bewahrung der Nachhaltigkeit der Staatsfinanzen ist eine Aufgabe, der sich keine Regierung entziehen kann, und die die Basis für die Verwirklichung einer Gesellschaft mit einem minimalen Grad an Unglück bildet. Wie man am Beispiel verschiedener Länder sehen kann, kann dieses Problem nicht weiter aufgeschoben werden. Es ist ein schwieriges Problem, aber ich hoffe, dass wir das Verständnis der Menschen gewinnen und in gemeinsamer Anstrengung von Regierung und Opposition Lösungen finden können. Das ist mein aufrichtiger Wunsch.

Die historische Bewertung meiner Aktivitäten während meiner Amtszeit muss den nachfolgenden Generationen überlassen bleiben. Ich habe jedenfalls immer danach gestrebt, die vor mir liegenden Aufgaben unter den gegebenen Bedingungen ein Stück weit voranzubringen.

Vielleicht konnte ich den Menschen meine Gedanken und Absichten nicht immer klar vermitteln, und es tut mir leid, dass ich unter den Restriktionen der parlamentarischen Pattsituation viele Dinge nicht wie gewünscht vorantreiben konnte. Aber ich habe mein Bestes gegeben, um mich auch schwierigen und umstrittenen Aufgaben zu stellen. Es entspricht meiner tiefen Überzeugung als ein Mitglied der Babyboom-Generation, dass wir den nachfolgenden Generationen keine ungelösten Probleme überlassen dürfen.

Wir müssen geeignete Antworten für nachhaltige Staatsfinanzen, für die Systeme der sozialen Sicherung, für eine Reform der Landwirtschaft, die dieses Gebiet auch für junge Menschen wieder attraktiv macht, und für eine Energiepolitik nach der großen Katastrophe finden, bevor wir den Stab an die junge Generation weitergeben. Ansonsten wird meine Generation ihrer Verantwortung nicht gerecht geworden sein. Diese Einstellung wünsche ich mir von Herzen auch von denjenigen, die nach mir die Last der Verantwortung tragen werden.

Vielen Dank."

Bedauern

Ich hatte meine Abschiedsworte gesprochen, aber zurück blieb mein Bedauern für die Betroffenen von Erdbeben und Tsunami und des

Atomunfalls. Auch heute, eineinhalb Jahre nach der Katastrophe, leben viele dieser Menschen unter bitteren Umständen. Wir dürfen nicht nachlassen, hier gezielte und langfristige Hilfe zu leisten.

Besonders diejenigen, die zur Evakuierung gezwungen waren, und die trotz unbeschädigter Häuser nicht zurückkehren können, tragen eine große psychologische Last. Wir müssen alles tun, um ihnen ein neues Leben zu ermöglichen.

3. Kapitel
Atomausstieg, Politik und Bürger

Große Hausaufgaben

Am 2. September ging das Kabinett Noda formell an den Start. Die durch Erdbeben und Atomunfall entstandenen Schäden zeitigten weiter ihre Wirkung. Wie sollte künftig mit der Atomkraft umgegangen werden, und wie sollte die Energiepolitik weiterentwickelt werden? Es blieben große Hausaufgaben zu erledigen. Um den Atomausstieg voranzubringen, war eine Förderung der die Atomkraft ersetzenden erneuerbaren Energien erforderlich. Glücklicherweise war eine wesentliche Bedingung durch das System einer festen Einspeisevergütung während meiner Amtszeit als Premierminister geschaffen worden. Darauf galt es aufzubauen.

Ich entschied mich, meine politischen Aktivitäten fortzusetzen und mich dabei auf den Atomausstieg und die erneuerbaren Energien zu fokussieren.

Studienreisen rund um erneuerbare Energien

Nach meinem Rücktritt habe ich einige Reisen um das Energiethema herum unternommen: Nach Deutschland, wo der Fukushima Atomunfall zum Anlass genommen wurde, erneut den Atomausstieg anzugehen; nach Spanien, wo die Verbreitung natürlicher Energien einen Schub durch die Trennung von Stromerzeugung und -verteilung erhalten hatte; nach Dänemark, wo neben der Windenergie das Angebot an Fernwärme besonders ausgebaut ist; und nach Sacramento im amerikanischen Bundesstaat Kalifornien, wo ein lokaler Atomausstieg verwirklicht wurde.

In Deutschland wurde im Jahr 2000, zu Zeiten der Koalitionsregierung von SPD und Grünen, einmal der Atomausstieg bis zum Jahre 2022 beschlossen. Unter der konservativen Merkel-Regierung wurde dieser dann aber bis in das Jahr 2036 verlegt. Bundeskanzlerin Merkel, von Haus aus Physikerin, hat jedoch der Tatsache, dass sich in einem technisch fortgeschrittenen Land wie in Japan ein schwerer Atomunfall ereignet hatte, große Bedeutung beigemessen. Binnen weniger Monate wurde der Atomausstieg daher wieder auf das Jahr 2022 vorverlegt. Diese deutsche Entscheidung wurzelt in den Debatten, die schon lange seit dem Atomunfall von Tschernobyl 1986 in der breiten Öffentlichkeit geführt wurden. Bei Begegnungen mit Vertretern der Wirtschaft und der Gewerkschaften äußerten diese ihre Zustimmung, und mein Eindruck war, dass diese Entscheidung auf breitem Rückhalt in der Bevölkerung basierte.

Spanien befindet sich im Westen Europas, und der Anteil von Wind- und Sonnenenergie ist dort hoch. Durch die Trennung von Stromerzeugung und -verteilung stehen auf beiden Seiten voneinander unabhängige Unternehmen. Die auf die natürlichen Energien zurückgehenden Fluktuationen in der Stromerzeugung werden von einer landesweiten Steuerungszentrale aus kontrolliert.

In Dänemark beschloss die Regierung nach der Ölkrise den Bau von Atomkraftwerken, aber dagegen erhob sich eine Protestbewegung, und nach breiter öffentlicher Debatte verzichtete das Land auf die Atomenergie. Mit der Windenergie im Mittelpunkt werden die natürlichen Energien weit genutzt. Dies hat ein starkes Unternehmen wie Vestas hervorgebracht, das im Bereich der Windkraftanlagen an 1. oder 2. Stelle im weltweiten Wettbewerb steht.

Der öffentliche Energieversorger in Sacramento im amerikanischen Bundesstaat Kalifornien wurde im Juni 1989 durch eine Volksabstimmung dazu veranlasst, das Atomkraftwerk Rencho Seco stillzulegen. Durch den grünen Trend zur Energieeinsparung geriet das Unternehmen zunächst in eine schwierige Lage, hat sich seitdem aber wieder erholt. Das innovative System der sogenannten „Demand Response", das durch eine Steuerung der Nachfrage bei den Abnehmern gekennzeichnet ist, ist außerordentlich aufschlussreich.

In der Zwischenzeit habe ich auch im Inland viele Unternehmen im Bereich der natürlichen Energien und der Energieeffizienz sowie Erzeuger von Windenergie, Sonnenenergie und Energie auf der Basis von Biomasse besucht. Außerdem habe ich mich mit vielen Experten unterhalten.

Auf diese Weise habe ich mich in dem Jahr nach meinem Rücktritt als Premierminister intensiv mit dem Potential der natürlichen Energien und der Energieeffizienz auseinandergesetzt. Im Ergebnis bin ich zu der Überzeugung gelangt, dass unser Land durchaus auch ohne Atomkraft dazu in der Lage ist, seinen Strombedarf zu decken.

Die Wirtschaft klammert sich an die Atomkraft

Wenn auch auf der einen Seite immer lauter der Atomausstieg gefordert wird, so wird auf der anderen Seite, vor allem in den Kreisen der Wirtschaft, die Atomkraft für unabdingbar gehalten. Es wurde darüber berichtet, dass der oberste Repräsentant der Wirtschaftswelt[*] die Aussage „Ein Verzicht auf Atomkraft ist unmöglich" gemacht habe. Da möchte ich wirklich nachfragen, ob denn diese Aussage im Glauben an den Sicherheitsmythos „ein schwerer Atomunfall ist unmöglich" gemacht wurde. Ich bin erstaunt über diese Logik, die so tut, als wenn der Atomunfall von Fukushima nicht stattgefunden hätte.

Haben Leute aus Finanzkreisen, die sagen, „ein Verzicht auf Atomkraft ist nachteilig für die japanische Wirtschaft", einmal untersucht, wie groß der Schaden für die japanische Wirtschaft gewesen wäre, wenn aufgrund des Atomunglücks in Fukushima 30 Millionen Menschen aus dem Hauptstadtgebiet hätten evakuiert werden müssen? Dann wäre ohne Zweifel ein großes Chaos in Japan ausgebrochen. Wir hätten eine wirtschaftliche, gesellschaftliche und internationale Krise erlebt, die die Existenz der Nation selbst in Frage gestellt hätte. Und dieses Worst-Case-Szenario konnte im letzten Augenblick so gerade noch abgewendet werden. Niemand kann behaupten, dass ein Unfall wie dieser niemals mehr passieren könnte.

Wir Japaner müssen als erstes zu dem gemeinsamen Bewusstsein gelangen, dass durch die Atomkatastrophe die Existenz der ganzen Nation auf dem Spiel stand. Davon ausgehend müssen wir einen neuen Anfang machen. Eine Diskussion, die das vergisst oder ignoriert, geht schlicht an der Realität vorbei.

Die wahren Kosten der Atomkraft

Der jetzige Atomunfall hat klargemacht, dass ein einzelnes Privatunternehmen in der Branche nicht dazu in der Lage ist, umfassend Verantwortung zu tragen. Das untergräbt auch von Grund auf die These, die Kosten der Atomkraft seien gering.

Zunächst einmal steigen weltweit die Kosten für den Bau von Atomkraftwerken. Diese Steigerungen sind vor allem auf die Forderungen nach schärferen Sicherheitsstandards zurückzuführen.

---

[*] Gemeint sein dürfte Yonekura Hiromasa, der damalige Vorsitzende des Wirtschaftsverbandes Keidanren (A.d.Ü.).

Wie hoch beläuft sich der Schaden des jetzigen Atomunfalls? Nach Berechnung des Komitees für die Kostenschätzung des Nationalen Strategiebüros auf mindestens 5,8 Billionen Yen.[*] Schäden wie der Verlust von Haus und Arbeit oder die Trennung von der Familie, die das Leben vieler tausender Menschen zerstört haben, die aber nicht in Geld ausgedrückt werden können, sind darin nicht eingerechnet. Für den Rückbau der Reaktoren von TEPCO werden 1,2 Billionen Yen angesetzt. Einmalkosten für den Schadenersatz durch TEPCO dürften bei 2,6 Billionen Yen liegen, laufende Kosten alleine im ersten Jahr bei 1 Billion Yen (in den Folgejahren wohl jeweils bei 0,9 Billionen Yen). Dazu wurden dann noch diverse Annahmen über weitere Kosten wie für die Sanierung gemacht, so dass sich ein Minimum von 5,8 Billionen Yen ergibt. Also ungefähr 6 Billionen Yen. Wird das auf die Energieleistung umgelegt, die bei einer Laufzeit von 40 Jahren in einem Atomkraftwerk erzeugt wird, so ergibt das eine Kostensteigerung von mindestens 0,6 Yen pro kWh. So das Komitee für die Kostenschätzung.

Aber wie wäre es im Falle des Worst-Case-Szenarios?

Durch den Atomunfall in Fukushima mussten ungefähr 160.000 Menschen evakuiert werden. Wenn das Evakuierungsgebiet bis auf die Hauptstadtzone hätte ausgedehnt werden müssen, wären 30 Millionen Menschen betroffen gewesen. Das ist das 200fache der Menschen in Fukushima. Ganz simpel auf Basis des Bevölkerungsanteils hochgerechnet ergäbe das einen Schaden von 1,2 Billiarden Yen. Das wiederum würde dann eine Preissteigerung für Atomstrom von 120 Yen pro kWh ergeben. Legt man den Preis von 12 Yen pro kWh bei einem konventionellen Wärmekraftwerk zugrunde, so bedeutet das nichts anderes als dass Atomstrom außerordentlich teuer ist.

Der Mythos von der Sicherheit der Atomenergie ist zusammengebrochen. Zusammengebrochen ist auch der Mythos vom billigen Atomstrom.

Die ungelöste Frage der Endlagerung

Seit dem Atomunfall in Fukushima werden natürlich auch in Japan die Kosten der Atomenergie unter die Lupe genommen.

Viele Beiträge fokussieren sich jedoch auf den Punkt, dass die

---

[*] 43 Mrd. €, 1 € = 135 Yen (A.d.Ü.)

Kosten für Erdgas und andere fossile Brennstoffe steigen würden, wenn man die Atomkraftwerke abstellte. Das würde dann auch die Anhebung der Strompreise erforderlich machen. Der fortgesetzte Betrieb der Atomkraftwerke gebiert jedoch äußerst gefährlichen und in der Natur nicht vorkommenden Atommüll, einschließlich Plutonium. Es ist kein Durchbruch für die gesamte Thematik der Zwischenlagerung von verbrauchten Kernbrennstäben, der Wiederaufbereitung und der Endlagerung von Atommüll in Sicht.

Die Vorstellungen zum Brennstoffkreislauf in Japan gehen dahin, aus den verbrauchten Kernbrennstäben normaler Atomkraftwerke durch Wiederaufbereitung das Plutonium zu extrahieren, um dieses dann als Brennstoff für die Stromerzeugung in schnellen Brütern zu verwenden. Da bei diesem Prozess mehr neues Plutonium entsteht als verbraucht wird, spricht man hier von einem „Brüter". Mit dieser Technologie kann abgereichertes Uran, ein Uran-Isotopengemisch, das in herkömmlichen Atomkraftwerken nicht verwendbar ist, durch Neutronenbeschuss in Plutonium umgewandelt werden.

Da hier normalerweise nicht einsetzbarer Rohstoff, eben abgereichertes Uran, Plutonium hervorbringt, haben sich viele Länder an der Entwicklung versucht. Aber kein Land war damit erfolgreich. Auch in Japan wurde ein Unfall durch eine Leckage des Kühlmittels Natrium verursacht und das Projekt gestoppt. Die technologischen und gesellschaftlichen Probleme von Wiederaufbereitung und Brütertechnologie sind ungelöst, so dass die Entwicklung hier zum Stillstand gekommen ist.

Auf der anderen Seite sind die Kapazitäten der sich neben den Atomreaktoren befindlichen Abklingbecken für verbrauchte Kernbrennstäbe nahezu erschöpft. Am Netz befindliche Atomkraftwerke verbessern zwar die Geschäftsergebnisse der Stromerzeuger, aber die Menge von verbrauchten Kernbrennstäben und anderem Atommüll wächst dadurch. Berücksichtigt man die damit zusammenhängenden Kosten, wäre laut verschiedener Experten ein schneller Ausstieg aus der Atomenergie volkswirtschaftlich sinnvoll. Das überzeugt auch mich.

Die Halbwertzeit von Plutonium beträgt 24.000 Jahre, und bis die Toxizität von verbrauchten Kernbrennstäben bis auf das Niveau von natürlichem Uran gesunken ist, dauert es mindestens 100.000 Jahre. Wie hoch sind denn bitte die Kosten für eine sichere Lagerung über diesen Zeitraum? Niemand kann das berechnen. Auch wenn man den Atommüll tief in der Erde vergräbt, so sind doch keine Vorhersagen möglich, welche Veränderungen in der Erdkruste sich in einem Zeitraum von 100.000 Jahren ereignen.

Die Aussage, Atomstrom sei billiger als herkömmlicher Strom, trifft letztlich nur für die Energieversorgungsunternehmen zu. Diese Unternehmen tragen jedoch nur einen ganz kleinen Teil der mit den verbrauchten Kernbrennstäben zusammenhängenden Kosten. Nicht nur das, diese Unternehmen verbuchen die Kernbrennstäbe als Rohstoff der Wiederaufbereitung sogar als Vermögen in ihren Bilanzen.

Das Atomdorf steht auf dem Standpunkt, dass zur Erhaltung der Atomkraft die Wiederaufbereitung erforderlich ist, und dass zum Verbrauch des daraus resultierenden Plutoniums die Brütertechnologie weiterentwickelt werden muss. Weil aber die Entwicklung der Brütertechnologie steckengeblieben ist, wurde ein Mischoxid (MOX) aus Uran und Plutonium als Brennstoff eingeführt, welches sowohl gefährlicher als auch teurer ist.

Um aus Prinzip die Atomkraft zu erhalten, werden ständig riesige Summen investiert. Die ökonomische Vernunft ist hier bereits völlig auf der Strecke geblieben.

Das Überschuldungsproblem der Energieversorgungsunternehmen

Die Frage des Wiederanfahrens der Atomkraftwerke wurde bisher im Wesentlichen unter den Aspekten diskutiert, ob eine hinreichende Sicherheit gewährleistet ist und ob eine Stromknappheit droht. Aber tatsächlich verbirgt sich hinter dem Drang, die Werke wieder ans Netz zu bringen, noch ein weiteres wichtiges Element: Wenn jetzt entschieden würde, die Reaktoren ohne Wiederanfahren zu verschrotten, dann würde das zur Überschuldung der Energieversorgungsunternehmen führen. Diese würden damit an den Rand des Bankrotts gedrängt. Mit anderen Worten, Atomkraftwerke, die in Betrieb sind, haben einen Wert, aber wenn sie stillgelegt werden, haben sie keinen Wert mehr. Daher befürchten die Unternehmen die Überschuldung. Es ist also erforderlich, die geschäftliche Situation der Energieversorger in die Überlegungen mit einzubeziehen. Zuweilen werden emotionale Äußerungen wie „Löst die Energieversorger auf!" oder „Zerschlagt sie!" laut. Aber die Diskussion auf diese Art zu führen, bringt gar nichts ein. Die geschäftlichen Probleme sind nicht nur für die Unternehmen selbst, sondern auch für das Land von äußerster Wichtigkeit.

Beim Konkurs von Japan Airlines ging der normale Flugbetrieb weiter, während die Schulden gemäß Konkursrecht abgewickelt wurden und das Unternehmen einer Restrukturierung unterzogen wurde. Auch bei der Neuordnung der Energiewirtschaft muss vermieden werden, dass die Atomkraft betreibenden Unternehmen plötzlich in Konkurs gehen.

Unmittelbar nach dem Unfall mussten die Eindämmungsarbeiten und die Kompensation der Betroffenen weitgehend von TEPCO getragen werden. Aber jetzt, über ein Jahr nach der Katastrophe, sollte über die künftige Verfassung der Energiebranche nachgedacht werden. Es sollte überlegt werden, gleichzeitig mit der Trennung von Stromerzeugung und -verteilung auch den Bereich Atomkraft von TEPCO abzuspalten.

Auch die anderen Energieversorger außer TEPCO könnten bei einem Unfall wie dem jüngsten nicht alleine die Folgen tragen. Hier sollte ebenfalls eine Abspaltung der Atomenergiesparte ins Auge gefasst werden. Ich würde mir wünschen, dass die Führung jedes Energieversorgungsunternehmens ernsthaft über diesen Punkt nachdenkt.

Das Problem des Wiederanfahrens der Atomkraftwerke steht im engen Zusammenhang mit der geschäftlichen Situation der Unternehmen. Das muss der Bevölkerung in aller Deutlichkeit vor Augen geführt werden.

Um tatsächlich alle Atomkraftwerke stillzulegen, muss die Geschäftssituation der Energieversorgungsunternehmen berücksichtigt werden. Es ist daher notwendig, bei der weiteren Diskussion um die Atomkraft neben der Sicherheit der Reaktoren auch die Frage des Umgangs mit dem Atommüll und die Geschäftslage der Energieversorger genau im Auge zu behalten.

Boom bei den erneuerbaren Energien

Bisher hat die Wirtschaft mit Rücksicht auf die Energiebranche nur wenig Unterstützung für den Atomausstieg und die erneuerbaren Energien gezeigt, aber der Wind hat sich ein wenig gedreht. Es ist ein starker Anstieg an Unternehmen zu verzeichnen, die in das Gebiet rund um die erneuerbaren Energie einsteigen.

Bereits jetzt sind viele Unternehmen in diesen Bereich vorgedrungen. Wenn es Gewinnchancen gibt, machen die Unternehmen ernst. Tatsächlich verfügt die japanische Elektroindustrie auch im

Bereich der Stromerzeugung auf Basis von Sonne und Wind über weltweite Spitzentechnologie. Aber weil der Atomkraft aufgrund der nationalen Strategie der Vorrang eingeräumt wurde, wurde diese Technologie nicht weiterentwickelt. Das wird sich jedoch jetzt ändern. Wir haben uns ziemlich verspätet, aber noch können wir aufholen.

Investitionen in die erneuerbaren Energien führen überwiegend zu inländischer Nachfrage. Anders als Öl oder Gas werden erneuerbare Energien darüber hinaus nicht aus dem Ausland importiert.

Auch die Energieeffizienz ist ein Wachstumsbereich

Einige Leute denken, Energieeffizienz bedeute „die Klimaanlage abstellen und die Hitze erdulden", aber das ist nicht gemeint. Sicherlich ist die Einsparung von Strom wichtig, aber auch die Verwendung von Produkten, die wenig Energie verbrauchen, trägt zur Energieeffizienz bei. Ein typisches Beispiel sind LED Lampen.

Im Bereich der Industrieproduktion ist es denkbar, dass Unternehmen erhöhte Kosten vermeiden wollen und ins Ausland abwandern, aber Eisenbahnen etwa können ihr Geschäft nur im Inland entwickeln. Daher werden von den Eisenbahngesellschaften Züge entwickelt, die mit wenig Strom laufen und die bereits zum Einsatz kommen, wie man hört. Auch im Handel werden in Warenhäusern und Supermärkten für Beleuchtung, Klimatisierung und Kühlung Geräte eingeführt, die wenig Strom verbrauchen. Das gilt selbstverständlich auch für Haushalte.

Natürlich wird das von vielen Leuten aus der Wirtschaft gut verstanden, und unter der Oberfläche vollzieht auch die Wirtschaft den Wechsel von der Atomkraft zu den erneuerbaren Energien. Bei Projekten wie einem schwimmenden Windkraftpark vor Fukushima und intelligenten Stromnetzen beteiligen sich mit Hitachi, Tōshiba und Mitsubishi Unternehmen, die bisher die Kerngruppe der Konstrukteure für Atomkraftwerke bildeten.

Wenn die Politik mit dem Ausstieg aus der Kernenergie und mit der Energiewende die technische Entwicklung bei den erneuerbaren Energien, die Energieeffizienz und die bessere Umweltverträglichkeit von fossilen Brennstoffen fördert, dann wird dieses Feld auch von der Industrie entwickelt. Für Japans Wachstumsstrategie wird dies zu einem wichtigen Element.

Der erste Schritt zur Neuordnung ist die Auflösung des Atomdorfs

Denkt man unvoreingenommen darüber nach, so steckte die Atomkraft mit Problemen wie der Endlagerung bereits vor 3/11 tief in einer Sackgasse fest. Der Unfall im Atomkraftwerk Fukushima hat dann noch einmal klar die Richtung gewiesen: Es ist selbstverständlich, die Wende von der Atomkraft zu den erneuerbaren Energien zu vollziehen. Aber dennoch wird an der Atomkraft bis hin zur Errichtung von Abklingbecken für die vorläufige Lagerung von Brennstäben in den Reaktorgebäuden festgehalten. Warum ist das so?

Hier kommt das „Atomdorf" ins Spiel, eine riesige Interessengruppe, die auf Besitzstandswahrung aus ist. Dazu habe ich mich am Ende der öffentlichen Anhörung vor dem parlamentarischen Untersuchungsausschuss zum Atomunfall am 28. Mai geäußert.

Ich sehe große Parallelen zwischen dem Prozess, wie das Militär vor dem Krieg zur wahren Macht in der Politik wurde, und den Aktivitäten des sogenannten Atomdorfs mit dem Verband der Stromversorger in dessen Mittelpunkt. In einem Zeitraum von 40 Jahren hat die Gruppe um TEPCO und den Stromverband Schritt für Schritt die wahre Macht in der Atompolitik übernommen. Experten, Politiker und Ministerialbeamte, die das kritisierten, wurden gemäß den Gesetzen des Dorfes geächtet und aufs Abstellgleis gestellt. Angesichts dessen sind viele Beteiligte in einen Modus von Selbstschutz und Beschwichtigung verfallen und haben das Geschehen ohne Kritik und Widerstand verfolgt. Mit dieser Aussage verbinde ich auch eine gehörige Portion Selbstkritik.

Momentan versucht das Atomdorf weiter, ohne tiefere Lehren aus dem jüngsten Atomunfall zu ziehen, die wahre Macht in der Atompolitik auszuüben. Die organisatorischen und sozialpsychologischen Strukturen des dem Militär der Vorkriegszeit ähnlichen Atomdorfs müssen in aller Gründlichkeit transparent gemacht und sodann aufgelöst werden. Das ist nach meiner Auffassung der erste Schritt für eine grundlegenden Neuordnung der Atompolitik.

Die Atompolitik der Regierung Noda

Nach meinem Rücktritt als Premierminister machte sich die Regierung Noda an die Umsetzung der integrierten Reform von sozialer Sicherung und Steuern. Währenddessen wurde auch die Neuordnung der Atomaufsicht und der Energiepolitik vorangetrieben und die Frage des Wiederanfahrens behandelt. Dafür waren im Kabinett Wirtschaftsminister Edano, Umwelt- und Atomminister Hosono und der Minister für nationale Strategiefragen, Furukawa Motohisa, verantwortlich.

Zunächst wurde unter Leitung von Minister Hosono als Ersatz für die Atomaufsichtsbehörde des Wirtschaftsministeriums der Aufbau eines Atomregulierungskomitees eingeleitet. Nachdem der Gesetzentwurf für die Einrichtung dieses Komitees in sehr unabhängiger Position innerhalb des Umweltministeriums verabschiedet worden war, und Premierminister Noda die Mitglieder ernannt hatte, nahm das Komitee am 19. September seine Arbeit auf.

Schon zuvor, seit Oktober des letzten Jahres, hatte in der Ressourcen- und Energiekommission des Wirtschaftsministeriums die Debatte um die Zukunft der Energie begonnen. Diese gipfelte schließlich in einem Vorschlag, der bis zum Jahr 2030 drei Alternativen für den Anteil der Atomenergie an der Gesamtstromversorgung enthielt: 0%, 15% oder 20–25%. Daraufhin übernahm der Umweltausschuss des Nationalen Strategiebüros die Federführung und lotete die Stimmung der Bevölkerung zu diesen drei Alternativen aus. Es war eindeutig, dass eine große Mehrheit einen Anteil von 0% befürwortete.

Die Energie- und Umweltkonferenz von Partei und Kabinett

Im Rahmen einer ordentlichen Parlamentssitzung stellte die Regierung Noda ihre Absicht vor, eine progressive Energie- und Umweltstrategie im Rahmen einer Konferenz zu diesem Thema zu erarbeiten. Dem vorangegangen war am 24.8. die Einrichtung eines Ausschusses für Energie- und Umweltfragen innerhalb der DPJ. Dessen Leitung übernahm Maehara Seiji aus der Parteiführung, und ich war eines der Mitglieder. Regelmäßig wurden dort heftige Debatten ausgetragen.

Für diese Debatten erwiesen sich meine vielen Studienreisen und Gespräche mit Experten nach meinem Rücktritt als Premierminister als sehr nützlich. Von den zuständigen Ministerialbeamten wurde immer wieder nur behauptet, dass bei einem Atomausstieg die Stromkosten steigen würden. Dem konnte ich entgegenhalten, dass ich die Wiederaufbereitungsanlage in der Gemeinde Rokkasho in Aomori und den Schnellen Brüter von Monju in Fukui genau studiert hatte, und dass neben den offenen Sicherheitsfragen das Problem der Kalkulation der Kosten der Entsorgung des Atommülls, der durch den fortlaufenden Betrieb der Atomkraftwerke entsteht, unlösbar sei. Aus der Gesamtsicht des Landes sei die Atomkraft daher ökonomisch nachteilig.

Am Ende verabschiedete der Energie- und Umweltausschuss der DPJ am 6. September die Empfehlung, alle politischen Kräfte darauf zu konzentrieren, um bis in die 2030er-Jahre den vollständigen Atomausstieg zu ermöglichen. Dass eine Zeitperiode und der vollständige Ausstieg konkret benannt wurden, war ein wichtiges Ergebnis. Ich stimmte dazu, nahm mir aber im Stillen vor, Anstrengungen zu unternehmen, um den Atomausstieg bis zum Jahre 2025 vorzuziehen.

Auf Basis dieses Beschlusses der DPJ verabschiedete die Regierung Noda am 14. September ihre progressive Energie- und Umweltstrategie mit folgendem Inhalt:

Um eine Gesellschaft zu verwirklichen, die nicht von der Atomkraft abhängig ist, sollen

1. die 40jährige Laufzeitbegrenzung streng eingehalten werden,
2. nur die Atomkraftwerke wieder ans Netz gehen, die die Sicherheitsüberprüfung des Atomregulierungskomitees erfolgreich durchlaufen haben,
3. weder neue Atomkraftwerke gebaut noch bestehende erweitert werden.

Unter Anwendung der obigen drei Prinzipien sollten alle politischen Kräfte darauf konzentriert werden, um bis in die 2030er-Jahre den vollständigen Atomausstieg zu ermöglichen.

Diese Entscheidung korrespondierte gut mit den Beschlüssen der DPJ.

Die Rolle der Bürger

Während dieser Prozess voranschritt, wurde vor dem Sommer 2012 entschieden, dass das Ōi Atomkraftwerk der Elektrizitätswerke Kansai wiederangefahren wird. Die an eine Drohung grenzende Litanei des Wirtschaftsministeriums „der Strom wird knapp" konnten andere Ministerialbeamte nicht kontern, und so kam es zu einer entsprechenden Ankündigung von Premierminister Noda auf einer Pressekonferenz. Innerhalb der DPJ wurden die Debatten im Projektteam Energie und im Projektteam Unfallfolgenbeseitigung unvermindert fortgeführt.

Ich hielt es für sehr wichtig, einen Fahrplan für den Atomausstieg zu erstellen, bevor ernsthaft ein Wiederanfahren in Betracht gezogen wurde. Im April habe ich daher eine Gruppe mit fast 70 Parlamentsabgeordneten der DPJ ins Leben gerufen, die sich die Aufstellung eines Fahrplans zum Atomausstieg auf die Fahnen schrieb. Im Juni erarbeiteten wir einen Vorschlag, der einen Verzicht auf die Atomenergie bis spätestens zum Jahr 2025 vorsah, und dessen Inhalt wir in der Form eines „Grundgesetzes für den Atomausstieg" formulierten.

Gleichzeitig wurde von einigen Leuten, die etwa im Rahmen der Kampagne „10 Millionen Unterschriften" in der Antiatomkraftszene aktiv waren und zu denen ich Kontakt hatte, ein Netzwerk für die Unterstützung des Grundgesetzes für den Atomausstieg errichtet. Die Gruppe der 70 Parlamentarier für den Fahrplan zum Atomausstieg unternahm alle Anstrengungen, damit das „Grundgesetz" verabschiedet wurde und erreichte, dass es in die letzte ordentliche Parlamentssitzung am 7. September eingebracht wurde.

Weiter versammelten sich in diesem Sommer jeden Freitag Leute vor dem Premierministeramt, um gegen das Wiederanfahren des Ōi Atomkraftwerks zu protestieren. Ich betrachtete das mit gemischten Gefühlen; ich hätte nie gedacht, dass ich als Mitglied der regierenden Partei und als ehemaliger Premierminister jemals eine solche Szene erleben würde.

Mir war wohlbekannt, dass seit 3/11 im ganzen Land Demonstrationen und Versammlungen abgehalten wurden. In meinen jungen Jahren waren die Studenten- und Bürgerbewegungen aktiv und organisierten viele Veranstaltungen. Aber ich empfand, dass im Vergleich zu damals jetzt eine andere Atmosphäre herrschte. Früher waren es linksgerichtete Demonstrationen, bei denen einfach Parolen gegen den Staat und die Großunternehmen oder gegen Amerika gerufen wurden. Die Bürgerbewegungen heute dagegen haben eine breitere politisch-gesellschaftliche Basis, erfüllen eine Informationsfunktion und regen damit zu größerer Eigeninitiative an. So wird heute in vielen Gemeinden, an den Arbeitsplätzen, in den Familien und unter Freunden diskutiert: „Wir brauchen keine Atomkraft mehr!" „Aber geht uns ohne Atomenergie nicht der Strom aus?" „Das können wir mit den erneuerbaren Energien auffangen." „Ist denn Atomstrom wirklich billig?"

Im Rahmen der Energie- und Umweltkonferenz der Regierung wurden im ganzen Land Informationsveranstaltungen abgehalten, um direkt die Meinung der Bevölkerung einzuholen. Öffentliche Kommentare wurden auch über Briefe, Faxe oder das Internet abgegeben. Viele Menschen haben sich daran beteiligt, und es wurde klar, dass die Mehrheit einen Ausstieg aus der Atomenergie wünscht. Der Schriftsteller Ōe Kenzaburō und andere Initiatoren der Initiative „Good-bye Atomkraft", die sich die Sammlung von 10 Millionen Unterschriften auf die Fahnen geschrieben hatte, teilten am 15. Juni mit, dass bis zu dem Zeitpunkt, 7,5 Millionen davon eingeholt werden konnten. An einer Versammlung der Initiative im Parlament habe ich auch teilgenommen und konnte mich dort von der begeisterten Atmosphäre überzeugen.

Fortgesetzt werden auch die freitäglichen Demonstrationen vor dem Premierministeramt. Auf meine Vermittlung fand ein direktes Gespräch zwischen einigen Vertretern der Demonstranten und Premierminister Noda statt. Premierminister Noda konnte sich damit ein Bild von der Stimmungslage machen, was für seine späteren politischen Entscheidungen von Nutzen sein dürfte.

Das Volk hat die Wahl

Auch während ich dieses Buch schrieb, gingen die hitzigen Debatten um den Atomausstieg weiter.

Die Regierung Noda verabschiedete am 14. September ihre progressive Energie- und Umweltstrategie, die explizit den Atomausstieg und die 2030er-Jahre erwähnte. Das zog eine scharfe Gegenreaktion des Unternehmensverbandes Keidanren nach sich, und alle Kandidaten für den Vorsitz der LDP äußerten unisono, dass ein Ausstieg aus der Atomkraft unverantwortlich sei. Ende September wurde dann Premierminister Noda als Vorsitzender der DPJ wiedergewählt, während in der LDP Abe Shinzō dieses Amt übernahm. Welche Richtung wird die künftige japanische Atompolitik nehmen? Das kommende Jahr ist von kritischer Bedeutung.

Die DPJ und die Regierung Noda haben klargemacht, dass sie den Atomausstieg für die 2030er-Jahre avisieren. Es ist von großer Bedeutung, dass die Partei in der Regierungsverantwortung ihre Absicht klar ausgesprochen hat. Bei den innerhalb eines Jahres stattfindenden nationalen Wahlen wird über ein „ja" oder „nein" zur Atomkraft abgestimmt. Entscheiden tun nicht die Politiker und auch nicht die Unternehmer. Die Menschen selbst entscheiden, wie sie leben wollen. Was wollen wir unseren Kindern und Enkelkindern hinterlassen? Jede und jeder Einzelne muss bei der kommenden Wahl für sich selbst die Entscheidung treffen.

Nachwort zur deutschen Ausgabe

Die japanische Ausgabe dieses Buches ist im November 2012 erschienen, eineinhalb Jahre nach dem Unfall vom März 2011. Nach den kurz darauf abgehaltenen Unterhauswahlen hat meine Partei, die DPJ, die Regierungsverantwortung wieder an die LDP abgeben müssen. Seitdem sind abermals zwei Jahre vergangen, und für die deutsche Ausgabe möchte ich daher die Entwicklung der Atompolitik in Japan in dieser Zeit darlegen.

Zur Lage in Japan vier Jahre nach dem Atomunfall von Fukushima

Seit dem Atomunfall von Fukushima sind vier Jahre und seit dem Beschluss der DPJ-Regierung, den Atomausstieg in den 2030er-Jahren zu realisieren, sind über zwei Jahre vergangen. In diesen etwas über zwei Jahren hat sich die politische Situation in Japan grundlegend geändert, und die Diskussion um die Atomkraft wird bis heute ohne greifbare Ergebnisse fortgesetzt.

Einige Monate nach dem Atomunglück hat die konservative Merkel-Regierung in Deutschland den Atomausstieg bis zum Jahr 2022 beschlossen. Angesichts der durch den Atomunfall von Fukushima offenbar gewordenen großen Risiken war ich ebenfalls zu dem Schluss gelangt, dass sich Japan in Richtung auf einen Atomausstieg bewegen sollte und habe noch während meiner Amtszeit als Premierminister damit begonnen, das Steuer herumzureißen. Aber von Seiten der Elektrizitätswirtschaft, des Wirtschaftsministeriums und der LDP, die bisher die Kernenergie gefördert hatten, regte sich heftiger Widerstand dagegen. Die DPJ-Regierung trieb die Debatte unter sorgfältiger Sondierung der Stimmung in der Bevölkerung dennoch voran, und die Regierung Noda beschloss im September 2012, bis zu den 2030er-Jahren auf die Atomkraft zu verzichten. Dies war eine bahnbrechende Entwicklung, denn es war das erste Mal, dass eine Regierung in Japan das Ziel des Atomausstiegs formuliert hatte.

Wenn die DPJ weiterregiert hätte, wären auf Basis dieses Prinzips konkrete Planungen für den Ausstieg aus der Kernenergie formuliert worden. Leider jedoch verlor die DPJ die Regierungsverantwortung bei den Wahlen im Dezember 2012. Bei diesen Wahlen gab auch die LDP das öffentliche Versprechen, die Abhängigkeit von der Atomkraft zu verringern, so dass dieses Thema nicht in den Fokus des Wahlkampfs geriet. Auf der anderen Seite geriet die DPJ aber wegen ihrer Vorschläge zur Erhöhung der Mehrwertsteuer und wegen ihrer innerparteilichen Querelen in heftige Kritik, so dass die LDP einen überwältigenden Wahlsieg einfuhr.

Die an die Regierung zurückgekehrte LDP unter Premierminister Abe machte dann eine Kehrtwende und verwarf das unter der DPJ formulierte Ziel des Atomausstiegs bis zu den 2030er-Jahren. Die Kernkraft sollte als Basisenergie erhalten bleiben, und auch der japanische Export von Atomtechnologie ins Ausland sollte weiter gefördert werden.

Auf diese Weise ist der Atomausstieg in Japan – anders als in Deutschland – nicht festgeschrieben worden. Weil es aber auf der anderen Seite starke Bürgerbewegungen gibt, die den Verzicht auf die Kernenergie fordern, kann die Regierung auch nicht einfach das Wiederanfahren der Atomkraftwerke durchsetzen. Im Nachgang des Fukushima Atomunfalls wurden neue, strenge Regularien für die Kernenergie aufgestellt. Auf deren Basis wird von der Atomregulierungsbehörde gerade (Februar 2015) sorgfältig geprüft, ob die Atomkraftwerke, die eines nach dem anderen aufgrund turnusgemäßer Wartungsarbeiten abgeschaltet wurden, wieder angefahren werden dürfen. Dazu kommt noch, dass Gebietskörperschaften, die sich im Umkreis von 30 km um ein Atomkraftwerk herum befinden, Evakuierungspläne für den Fall eines Unfalls erarbeiten müssen, ohne dass dazu deren Zustimmung eingeholt worden wäre. Im Ergebnis stehen heute, eineinhalb Jahre nachdem im September 2013 das letzte für die turnusgemäße Wartung vom Netz gegangen ist, in Japan alle Atomkraftwerke still.

Warum keine Entscheidung zum Atomausstieg getroffen werden kann

Warum ist es in Japan, wo der weltweit größte Atomunfall der Geschichte stattgefunden hat, nicht gelungen, das Steuer in Richtung Atomausstieg herumzureißen? Das ist auf den großen politischen Einfluss des „Atomdorfes" zurückzuführen, das sich aus Mitgliedern der Wirtschaft, der Ministerialbürokratie und der Wissenschaft rekrutiert. Die Elektrizitätswirtschaft in Japan besteht aus Gebietsmonopolen, die das ganze Land in neun Zonen aufgeteilt haben. Diesen Unternehmen gehört auch das Stromnetz, so dass eine Trennung von Stromerzeugung und -verteilung nicht gegeben ist. TEPCO beispielsweise ist der Gebietsmonopolist für das Tokio umfassende Kantō-Gebiet und damit der einzige Stromerzeuger und -verteiler dort. Die Strompreise weiterhin werden auf Vollkostenbasis festgelegt. Nach dieser Methode dürfen die Unternehmen alle für die Erzeugung des Stroms angefallen Aufwendungen als notwendig deklarieren. Dazu kommt noch ein Gewinnaufschlag von 3%, und danach berechnet sich dann der Strompreis. Je höher also die Aufwendungen der Stromerzeuger sind, desto höher sind deren Gewinne. Sie investieren jedes Jahr riesige Summen, und damit werden auch den Lieferanten und anderen verbundenen Unternehmen hohe Gewinne garantiert. Ein Teil davon wird dann für das „Atomdorf", also für politische Zwecke, beiseite gelegt. Der enorme Einfluss kann damit aufrechterhalten werden.

Es ist erforderlich, das System der Elektrizitätswirtschaft in Japan zu reformieren. Wie in Deutschland und anderswo müssen die Stromerzeugung und -verteilung getrennt und die Gebietsmonopole aufgelöst werden.

Die explosionsartige Ausbreitung der erneuerbaren Energien

Bis zum Atomunfall von Fukushima waren die erneuerbaren Energien in Japan im Vergleich mit Europa und den USA wenig verbreitet. Das lag daran, dass die Stromversorger den Einkauf von Sonnen-, Wind- und anderen natürlichen Energien verweigert hatten. Nach dem Unfall jedoch wurde ein von meiner Regierung eingebrachter Gesetzentwurf verabschiedet, der ein System für den Kauf von erneuerbarer Energie zu einem festgelegten Preis vorsah. Die Einführung dieses Systems hat ab 2012 einen drastischen Anstieg bei der Stromerzeugung aus Sonnen- und anderen erneuerbaren Energien bewirkt. In den zweieinhalb Jahren seit 2012 sind Anträge für den Aufbau von Sonnenstrom- und weiteren Stromkapazitäten auf Basis erneuerbarer Energien in Höhe von 70 MW eingegangen. Davon wurden 6 MW bereits realisiert. Würde es in dem Tempo weitergehen, würde die Stromerzeugung aus erneuerbaren Energien innerhalb von 10 Jahren die Menge an Strom übertreffen, die vor dem Unfall von Fukushima in Atomkraftwerken produziert wurde.

Allerdings tritt die LDP-Regierung auch bei der Förderung der erneuerbaren Energien inzwischen auf die Bremse. Das Beispiel Deutschland wird angeführt, um zu demonstrieren, dass die Stromerzeugung aus erneuerbaren Energien zu einer großen Belastung durch den Anstieg der Preise führt. Das Festpreissystem wird daher eingeschränkt. Tatsächlich soll vorrangig das Wiederanfahren der Atomkraftwerke verfolgt werden.

Unzureichende Unfallaufklärung

Nach dem Atomunfall von Fukushima haben Regierung, Parlament und private Organisationen separate Untersuchungsausschüsse eingesetzt, um die Unfallursachen aufzuklären. Etwa ein Jahr danach wurden die Untersuchungsberichte vorgelegt. Weiter wurden 2014 die Zeugenaussagen des Untersuchungsausschusses der Regierung veröffentlicht, wenn die betreffenden Personen ihre Zustimmung dazu gegeben hatten. Von ganz besonderer Wichtigkeit war hier die Aussage des Werksleiters von Fukushima Daiichi zum Zeitpunkt des Unfalls, Yoshida. Kurz nach dem Ausbruch des Unfalls fürchtete Yoshida, dass hier der Zusammenbruch von ganz Ost-Japan droht. Das ist genauso, wie ich das zur gleichen Zeit auch empfunden hatte.

Durch die Arbeit der Untersuchungsausschüsse wurden Fortschritte bei der Unfallaufklärung gemacht, die aber noch nicht als hinreichend bezeichnet werden können. Besonders die Aufzeichnungen der Videokonferenzen zwischen Fukushima Daiichi und der TEPCO-Zentrale, die eine äußerst wichtige Primärquelle darstellen, wurden nur in dem Maße veröffentlicht, wie TEPCO seine Zustimmung dazu erteilt hatte. Vergleicht man das mit einem Flugzeugunfall, so wäre das genauso, als wenn die Aufzeichnungen der Gespräche zwischen dem Cockpit und dem Kontrollturm nicht vollständig bekannt gemacht würden. Unabhängig von den Wünschen TEPCOs sollte der parlamentarische Untersuchungsausschuss fordern, dass alles Quellenmaterial notfalls auch zwangsweise herausgegeben wird. Nach der Rückkehr der LDP an die Regierung wird die Unfallaufklärung nur noch halbherzig verfolgt, und die Untersuchungen kommen nicht voran.

Am Unfallort in Fukushima gelangt radioaktives Material bis heute über das verseuchte Wasser in die Umwelt. Der Rückbau der Unglücksreaktoren macht nur minimale Fortschritte und wird mindestens 40 Jahre in Anspruch nehmen.

Die Zukunft des Planeten

Seit meinem Rücktritt als Premierminister habe ich viele Länder auf der Welt besucht, um mich der Antiatomkraftbewegung anzuschließen und um mein Wissen zu den erneuerbaren Energien zu vertiefen. In Europa und Amerika steigen die Kosten für die Kernenergie, und dort ist eine Schwerpunktverlagerung hin zum Schiefergas und zu den erneuerbaren Energien zu beobachten. In Ländern wie China, Taiwan und Korea jedoch schreiten die Pläne für den Kapazitätsausbau bei der Atomkraft unbeirrt voran. Das ist besonders für China aufgrund der wirtschaftlichen Entwicklung und der Probleme mit der Luftverschmutzung zu konstatieren. Ich denke, dass es irgendwie gelingen muss, den Ausbau der Kernenergie in China zu stoppen.

Bis vor 300 Jahren bildeten die von der Sonnenergie lebenden Pflanzen die Energierohstoffe der Menschheit. Vor rund 250 Jahren dann, im Zuge der industriellen Revolution, kam mehr und mehr der fossile Brennstoff Kohle, der ebenfalls auf der Sonnenenergie basiert, zum Einsatz, und danach wurden die fossilen Brennstoffe Öl und Gas in großen Mengen genutzt. Die nicht vom Sonnenlicht abhängige Kernenergie hatte ihren Anfang erst vor etwa 70 Jahren, ein winziger Abschnitt der Geschichte der Menschheit. Es ist undenkbar, dass die Atommüll hervorbringende Kernenergie für einen langen Zeitraum genutzt wird. Die Energie dagegen, die die Sonne an die Erde abgibt, reicht heute laut Experten aus, den 10.000fachen Bedarf der gesamten Menschheit zu decken. Wenn diese Energie mit Hilfe neuer Technologien in den Bereichen Solarstrom, Windkraft und Biomasse effizient und sicher genutzt wird, reicht das für die gesamte Menschheit. Nach 300 Jahren Nutzung fossiler Brennstoffe und 70 Jahren Nutzung der Atomkraft ist damit eine Rückkehr zur Sonnenenergie möglich. Auf diese Weise wird auch kein CO_2 ausgestoßen, die Erderwärmung wird verhindert und es entsteht kein Atommüll. Ich bin davon überzeugt, dass die Kernenergie bis zum Ende dieses Jahrhunderts völlig verschwindet und zu einem Relikt der Vergangenheit wird.

Danksagung

Viele Angehörige des Premierministeramtes haben unter vollem Einsatz ihren Beitrag zur Bekämpfung des Atomunfalls geleistet. Mit Kabinettssekretär Edano Yukio, Wirtschaftsminister Kaiëda Banri, dem stellvertretenden Kabinettssekretär Fukuyama Tetsurō und meinen fünf Assistenten Katō Kōichi, Hosono Gōshi, Tsujimoto Kiyomi, Terata Manabu und Shiba Hirokazu an der Spitze, haben sich alle Mitarbeiter praktisch ohne Schlaf und ohne Pause den Herausforderungen gestellt.

Sehr wichtig waren auch die Beiträge der Mitarbeiter, die von unterschiedlichen Ministerien und Behörden ins Premierministeramt entsandt worden waren. Diese haben insbesondere die jeweils aktuellen Zustände der Unglücksreaktoren und der Abklingbecken verfolgt, eine wichtige Grundlage für mich, um den Umständen gemäß schnell reagieren zu können.

Folgenden Mitarbeitern aus meinem damaligen Stab möchte ich meinen besonderen Dank aussprechen: Yamasaki Shirō, Habuka Shigeki, Sadamori Keisuke, Masuda Kōichi, Maeda Tetsu und Yamanouchi Kanji von der Verwaltung sowie Okamoto Kenji, Hashimoto Jirō, Mizushima Satoru, Hirakawa Kaoru, Kamata Mitsuaki, Toyo'oka Hiroki, Ikukawa Hiroshi, Ishida Seiji, Kajita Takuma, Miyashita Yoshiaki, Hasegawa Yūya, Kōno Futoshi, Nagayama Takahiro und Karaki Keisuke von der politischen Seite. Ich bedanke mich auch bei allen anderen Mitarbeiterinnen und Mitarbeitern, deren Namen hier nicht alle aufgeführt werden können.

Große Unterstützung habe ich durch die Arbeiten von Shimomura Ken'ichi erfahren, der für die Öffentlichkeitsarbeit verantwortlich war. Von außerordentlicher Hilfe war weiterhin das Beraterteam für die Maßnahmen gegen den Atomunfall mit Hibino Yasushi, Saitō Masaki, Aritomi Masanori und Tasaka Hiroshi.

Ich glaube, das ganze Team des Premierministeramts hat gut gearbeitet. Wenn es mir gelungen sein sollte, zu einer effektiven Bekämpfung des Atomunfalls beizutragen, so ist das auf die Arbeit dieses Teams zurückzuführen.

Unter den Mitarbeitern möchte ich nochmals die Rolle von Yamasaki Shirō hervorheben, der unter Ignorierung meiner ständigen Ungeduld und Ungehaltenheit die Arbeit des gesamten Stabes jeweils schnell und effektiv in die richtige Richtung gelenkt hat.

Mein persönlicher Referent Okamoto weiterhin stand 24 Stunden in der Funktion als „Kommunikationsschaltstelle" an meiner Seite.

Bei den Aktivitäten nach meinem Rücktritt als Premierminister, insbesondere bei den Studienreisen um die erneuerbaren Energien, war mir mein ehemaliger Stabsmitarbeiter Niihara Hiroaki eine große Hilfe. Viel Unterstützung habe ich auch von Tachibana Tamiyoshi, dem Leiter des Forschungskreises erneuerbare Energien, erfahren.

Viele Menschen haben mir auch bei der Veröffentlichung dieses Buches geholfen. An erster Stelle sei hier mein langjähriger Freund Nakagawa Yūsuke genannt, auf dessen Unterstützung ich schon bei der Veröffentlichung meines Buches „Minister" (Iwanami Shoten Verlag) zurückgreifen konnte. Shigi Yasuhiro und Sōma Yūko vom Gentōsha Verlag haben nach dem Buchprojekt meiner Frau Nobuko auch die vorliegende Publikation betreut.

Zum Abschluss möchte ich meiner Frau Nobuko meinen Dank aussprechen, die statt meiner die Beziehungen auf der lokalen Ebene pflegt und meine Lektüre wichtiger Bücher und Zeitungsbeiträge „anleitet".

Anmerkungen

[1] Auszüge aus der Studie „Grobe Szenarien zu unvorhergesehenen Situationen in der Atomanlage Fukushima Daiichi":
Annahmen zur Unfallentwicklung (Auszug aus S. 8 der japanischen Originalversion):

1. Im besonders gefährdeten Reaktor 1 ereignet sich im Reaktorbehälter oder im Sicherheitsbehälter eine Wasserstoffexplosion, radioaktives Material tritt aus. Eine Wasserflutung von Reaktor 1 wird unmöglich und die Beschädigung des Sicherheitsbehälters schreitet voran.
2. Vollständiger Rückzug der Arbeiter aufgrund der starken Radioaktivität.
3. Wasserflutung/Kühlung der Reaktoren 2, 3 wird unmöglich, Wasserflutung des Abklingbeckens in Reaktorblock 4 wird unmöglich.
4. Die Brennstäbe im Abklingbecken von Reaktorblock 4 werden freigelegt, beschädigt und schmelzen. Anschließend reagiert der geschmolzene Brennstoff mit dem Beton und Radioaktivität wird freigesetzt. (Die nächste Seite zeigt, wie die Beschädigung des Abklingbeckens voranschreitet)

Zur Bewertung der Konsequenzen der Strahlendosis (Auszug aus S. 15 der japanischen Originalversion):

– Weiter schreitet auch die Beschädigung des Brennstoffs in den Abklingbecken der anderen Reaktorblöcke voran; es kommt zur Reaktion mit dem Beton, und große Mengen an radioaktivem Material werden freigesetzt. Im Ergebnis ist es möglich, dass die Einrichtung einer Zwangsevakuierungszone von über 170 km erforderlich wird. Da die Radioaktivität die natürliche Strahlung in erheblichem Maße übersteigen würde, ist es weiterhin möglich, dass die empfohlene Evakuierungszone bei über 250 km liegen sollte.
– Die Evakuierungszonen können im Zeitverlauf verkleinert werden, aber unter Zugrundelegung nur des natürlichen Zerfalls müssten die oben erwähnten 170 km und 250 km über mehrere Jahrzehnte aufrechterhalten werden.

[2] Im heutigen Recht gibt es keine Ausnahmebestimmungen. Sehr starke Rechte werden dem Premierminister aber im Rahmen des Bürgerschutzgesetzes (Gesetz über Maßnahmen zum Schutz der Bürger bei bewaffneten Angriffen) eingeräumt. Neben Angriffen aus dem Ausland greift dies jedoch nur bei Akten von Massenterror. Bei Atomunfällen kann es nicht angewendet werden.
Einen Notstand ausrufen kann der Premierminister einmal nach Paragraph 71 des Polizeigesetzes: „Bei großen Katastrophen, bei Massenunruhen oder in anderen Notsituationen kann der Premierminister, wenn es zur Aufrechterhaltung der öffentlichen Ordnung für erforderlich gehalten wird, auf Empfehlung des Staatlichen Komitees für Öffentliche Sicherheit für das gesamte Land oder für Teile davon den Notstand ausrufen." Weiter kommt die Anwendung von Paragraph 105 des Grundgeset-

zes für Maßnahmen im Katastrophenfall in Betracht: „Im Falle einer au-ßerordentlichen Katastrophe, die darüber hinaus geeignet ist, die Wirt-schaft und die Wohlfahrt des Landes in ungewöhnlicher und empfindli-cher Weise zu beeinträchtigen, kann der Premierminister, wenn es für die Ergreifung von Maßnahmen gegen diese Katastrophe für erforderlich ge-halten wird, auf Beschluss des Kabinetts für das betreffende Gebiet oder für Teile davon den Notstand ausrufen." Dabei bleibt allerdings offen, welche konkreten Kompetenzen für den Premierminister damit verbun-den sind, gegenüber der Bevölkerung auch Zwangsmaßnahmen anzu-ordnen. Nach dem Gesetz über Sondermaßnahmen im Falle schwerer Erdbeben kann als Vorsichtsmaßnahme eine Evakuierung angeordnet werden, falls eine Erdbebenvorhersage gegeben ist. Evakuierungen auf-grund eines durch einen Atomunfall verursachter Radioaktivität fallen jedoch nicht in den Geltungsbereich dieses Gesetzes.

Schon früher gab es Bestrebungen, ein Notstandsgrundgesetz zu verfas-sen, das bei Fällen wie großen Naturkatastrophen, Angriffen aus dem Ausland, Terror, inneren Unruhen usw. zur Anwendung kommen sollte. Darüber wurde 2004 zwischen der Demokratischen Partei Japans (DPJ), der Liberaldemokratischen Partei (LDP) und der Partei Kōmeitō auch Einvernehmen erzielt. Da dies jedoch das Potential birgt, dass die durch die Verfassung garantierten Menschenrechte und Eigentumsrechte fun-damental beschnitten werden, wurden auch viele Gegenstimmen laut.

[3] Zu meiner Situation hat sich der Schriftsteller und Gesellschaftskritiker Satō Masaru am 13. März in seinem Blog wie folgt geäußert: „Selbst anhand der von den Massenmedien kontrollierten Berichterstat-tung erahnen die Bürger, dass sich das Atomkraftwerk Fukushima Daii-chi in einer Krise befindet. Der Premierminister muss alle erforderlichen Maßnahmen ergreifen, auch wenn diese in keinen Gesetzen geregelt sind. Wir Bürger müssen uns wohl darüber bewusst sein, dass es in solchen Zeiten der nationalen Krise Pflichten gibt, die auch unter Einsatz des Le-bens zu erfüllen sind. Das Staatssystem im Nachkriegsjapan wurde auf Basis des Modernismus geschaffen. Dessen Kern bilden die Idee von der Unantastbarkeit des Lebens und der Individualismus. Das Leben eines Menschen ist wichtiger als alles andere, und der Staat darf von seinen Bürger nicht den Einsatz dieses Lebens verlangen. Aber wenn man es vom internationalen Standpunkt überdenkt, wird deutlich, dass es in je-dem Staat Aufgaben gibt, die eine unbegrenzte Verantwortung auferle-gen. Unbegrenzte Verantwortung heißt, dass die Erfüllung dieser Aufga-ben wichtiger ist als das Leben. Im Falle Japans sind es etwa Mitglieder der Selbstverteidigungsstreitkräfte und des Küstenschutzes, Polizisten, Feuerwehrleute und Diplomaten, die Ämter mit unbegrenzter Verant-wortung bekleiden. Gleiches wird in der Regel aber nicht von TEPCO-Mitarbeitern angenommen. Angesichts der Notsituation im Atomkraft-werk Fukushima Daiichi jedoch müssen von den Leuten, die über das Ex-pertenwissen verfügen, die Krise einzudämmen, Anstrengungen auch unter Einsatz des Lebens gefordert werden. Die Massenmedien geben keine detaillierte Berichterstattung, aber am Unglücksort setzen Japans Atomkraftexperten im Wortsinne ihr Leben aufs Spiel, um die Krise in den Griff zu bekommen. Um die Krise zu bewältigen, darf Premierminis-

ter Kan nicht zögern, durch übergesetzliche Anweisungen unbegrenzte Verantwortungsbereitschaft einzufordern. Premierminister Kan ist der in einem demokratischen Prozess gewählte Führer Japans. In dieser Eigenschaft muss er in professioneller Weise alles unternehmen, um das Überleben des japanischen Staates und der Japaner zu sichern."

4 Nachdem ich auf die Sache hingewiesen worden war, habe ich über einen Anwalt die genaueren Umstände klären lassen. Bei der betreffenden Person handelte es sich um einen in Japan geborenen und wohnhaften Koreaner. Nachdem das klar war, habe ich die Spende zurückerstattet. Der Fall wurde bei der Staatsanwaltschaft Tokio zur Klage eingereicht, was abgewiesen wurde. Weiter wurde die Sache an den Staatsanwaltlichen Untersuchungsausschuss herangetragen, aber auch hier wurde entschieden, dass keine Klage erhoben wird. Der Fall ist juristisch damit vollständig erledigt.

5 Tatsächlich war es das erste Mal, dass eine solche Zentrale eingerichtet wurde. In Paragraph 24 des Grundgesetzes zur Bekämpfung von Notfällen heißt es: „Im Falle eines außerordentlichen Notfalls, wenn aufgrund des Umfangs oder anderer Umstände dieses Notfalls zu dessen Bekämpfung dringende Maßnahmen als besonders notwendig erachtet werden," kann der Premierminister „unter dem Kabinett temporär eine *Zentrale zur Bekämpfung eines außerordentlichen Notfalls* einrichten." Diesmal jedoch wurde der Rahmen eines „außerordentlichen Notfalls" gesprengt und daher ein *Komitee zur Bekämpfung eines dringenden Notfalls* gemäß Paragraph 28, Absatz 2 des gleichen Gesetzes – „Im Falle eines äußerst ungewöhnlichen und schwerwiegenden Notfalls, wenn zu dessen Bekämpfung dringende Maßnahmen als besonders notwendig erachtet werden…" – eingerichtet.
Es mag sehr detailliert erscheinen, aber der Vorsitzende einer *Zentrale zur Bekämpfung eines außerordentlichen Notfalls* ist der für den Katastrophenschutz verantwortliche Staatsminister, während der Vorsitzende eines *Komitees zur Bekämpfung eines dringenden Notfalls* der Premierminister ist.

6 Die Zentrale setzt sich wie folgt zusammen: Vorsitzender ist der Premierminister. Stellvertretende Vorsitzende sind der für Katastrophenschutz zuständige Minister, der Kabinettssekretär, der Verteidigungsminister und der Innenminister. Weitere Mitglieder außer diesen vier Personen sind alle Staatsminister (mit anderen Worten sämtliche Minister gehören dem Komitee an, und die vorgenannten vier davon sind stellvertretende Vorsitzende) sowie der Krisenbeauftragte des Kabinetts. Darüber hinaus beruft der Premierminister stellvertretende Minister sowie Leiter von designierten Behörden, die nicht im Range eines Staatsministers sind, in das Komitee. Weiter besetzt der Premierminister den Stab der Zentrale „mit Mitarbeitern aus dem Kabinettsekretariat, aus designierten Behörden oder mit Leitern von designierten lokalen Behörden oder deren Mitarbeitern".

7 Die erste Welle der Tsunami traf das Atomkraftwerk Fukushima Daiichi um 15.27 Uhr und die zweite um 15.35 Uhr. Das führte für die Reaktoren 1–5 zu einem Ausfall der Wechselstromquellen und für die Reaktoren 1, 2 und 4 auch zu einem Ausfall der Gleichstromquellen.
Um 15.42 Uhr berichtete TEPCO an die Atomaufsichtsbehörde des Wirt-

schaftsministeriums, dass ein besonderes Ereignis nach Paragraph 10 des Atomunfallgesetzes stattgefunden habe. Weiter erreichte die Atomaufsichtsbehörde etwa eine Stunde später, um 16.45 Uhr, die Meldung von TEPCO, dass die Notkühlsysteme der Reaktoren 1 und 2 ausgefallen seien, und damit ein Ereignis nach Paragraph 15 des Atomunfallgesetzes eingetreten sei.

Paragraph 10 des Atomunfallgesetzes definiert folgende Berichtsereignisse: „Wenn im Umkreis eines Atomkraftwerkes die nach offiziell vorgegebenen Standards gemessene Radioaktivität ein nach Verwaltungsanweisung festgelegtes Niveau überschreitet, oder wenn andere nach Verwaltungsanweisung definierte Ereignisse eintreten..." In diesen Fällen müssen der zuständige Fachminister, die Gouverneure der Präfekturen und die Bürgermeister der Städte und Gemeinden informiert werden.

Weiter bestimmt Paragraph 15: „Wenn durch einen der folgenden Fälle der Eintritt eines Notstands in einem Atomkraftwerk festgestellt wird, berichtet dies der zuständige Fachminister unverzüglich dem Premierminister mit allen notwendigen Einzelheiten." Solch ein Notstand wiederum ergibt sich aus den Berichtsereignissen des Paragraphen 10 zum Radioaktivitätsniveau – wenn die nach offiziell vorgegebenen Standards gemessene Radioaktivität ein außergewöhnliches Niveau erreicht und damit das nach Verwaltungsanweisung festgelegte Niveau überschreitet – oder – wenn andere nach Verwaltungsanweisung definierte Ereignisse eintreten, die einen Atomnotstand anzeigen.

Mit anderen Worten, zunächst wird dem zuständigen Fachminister angezeigt, dass bezüglich eines Atomkraftwerks ein Ereignis nach Paragraph 10 eingetreten ist. Falls dies darauf hinweist, dass ein Atomnotstand gegeben ist, berichtet dann der Fachminister dem Premierminister darüber. Wie später ausgeführt, kam auf dieser Basis Minister Kaiëda zur Berichterstattung auf mich zu, und ich habe dann und nach Paragraph 15, Absatz 2 – wenn der Premierminister einen Bericht nach Absatz 1 erhalten hat, wird er unverzüglich einen Atomnotstand anordnen und eine öffentliche Erklärung gemäß dem folgenden Absatz, im folgenden Ausrufung des Atomnotstands genannt, abgeben – offiziell den Notstand ausgerufen.

[8] Später kam die Kritik auf, dass nach der Berichterstattung des Wirtschaftsministers die Ausrufung des Notstands zu spät erfolgt sei. Tatsächlich war aber bereits die Zentrale zur Bekämpfung eines dringenden Notfalls eingerichtet worden, und das Krisenzentrum befand sich in voller Einsatzbereitschaft. Auch für den Atomunfall hatte ein Bereitschaftsraum im Premierministeramt die Arbeit aufgenommen, und bis zur formellen Einrichtung der Atomnotfallzentrale wurden dort operative Aufgaben wie Informationssammlung, Prüfung der Kompetenzen etc. durchgeführt. Besondere Verzögerungen in Hinblick auf die tatsächliche Bekämpfung des Atomunfalls hat es nicht gegeben.

[9] Die weiteren Mitglieder werden zum einen vom Premierminister aus den Reihen der Staatsminister ernannt (die genaue Anzahl ist nicht festgelegt), weiter gehört dazu der Krisenbeauftragte des Kabinetts und außerdem beruft der Premierminister stellvertretende Minister sowie Leiter von designierten Behörden, die nicht im Range eines Staatsministers sind. Schließlich besetzt der Premierminister den Stab des Komitees „mit Mit-

arbeitern aus dem Kabinettsekretariat, aus designierten Behörden oder mit Leitern von designierten lokalen Behörden oder deren Mitarbeitern".

[10] Paragraph 20 des Atomunfallgesetzes regelt die Kompetenzen des Leiters der Zentrale zur Bekämpfung eines Atomunfalls wie folgt: „Der Leiter der Zentrale zur Bekämpfung eines Atomunfalls (der Premierminister) kann, falls dafür das Erfordernis besteht und dann im Rahmen dieses Erfordernisses, für die zielgerichtete und schnelle Durchführung von Maßnahmen im Notstandsgebiet an folgende Personen und Institutionen Anweisungen erteilen: An die Leiter betreffender spezieller Verwaltungsorgane; an die Leiter betreffender spezieller regionaler Verwaltungsorgane; an die Mitarbeiter betreffender spezieller Verwaltungsorgane und betreffender spezieller regionaler Verwaltungsorgane, die gemäß den Regelungen des vorhergehenden Paragraphen ermächtigt wurden; an die Leiter regionaler öffentlicher Körperschaften und anderer Exekutivorgane; an spezielle öffentliche Körperschaften und an spezielle regionale öffentliche Körperschaften; an die Betreiberunternehmen der Atomkraftwerke."

[11] Die Atomenergiekommission ist eine Einrichtung, die 1955 auf Basis des Atomenergiegrundgesetzes gegründet wurde. Sie ist mit folgenden Aufgaben befasst: Ausarbeitung von Grundsätzen für die Forschung zur sowie die Entwicklung und Nutzung von Kernenergie; Aufstellung von Plänen für die Verteilung von Kosten im Zusammenhang mit Kernenergie; Beratung des zuständigen Ministers bezüglich der Anwendung von Lizenzierungsstandards nach dem Regulierungsgesetz für Reaktoren und anderes Gerät; Planung, Beratung und Festlegung, wie involvierte Behörden ihre Operationen mit Bezug auf die Forschung zur sowie die Entwicklung und Nutzung von Kernenergie anpassen sollten.

[12] J-Village ist ein nationales Trainingszentrum für den Fußball. Ursprünglich von TEPCO errichtet, wurde es später an die Fukushima Präfektur gestiftet. Weil es direkt nach dem Erdbeben keine großen Schäden aufwies, fungierte es zunächst als Katastrophensammelstelle. Da es sich jedoch innerhalb der Zone von 20 km um Fukushima Daiichi herum befand, musste diese Funktion am 12. aufgegeben werden. Ab dem 15. ging das Zentrum in nationale Verwaltung über und diente der Armee als Hubschrauberlandeplatz und als Dekontaminationsstelle für radioaktives Material bei den Truppen. Ab dem 18. schließlich fungierte es als lokale Koordinationsstelle von Regierung, TEPCO, Armee, Polizei und Feuerwehr für den Atomunfall. Ich habe J-Village am 02. April und am 16. Juli besucht.

[13] Wenn man heutzutage ein Auto kauft, kann man sich auf dem Übungsplatz einen Überblick über dessen Funktionsweise verschaffen. Aber fast alle Leute fahren, ohne etwas vom Verbrennungsmotor oder den Mechanismen der Kraftübertragung zu verstehen. Deswegen kann auch kaum jemand bei einem Schaden selbst die Reparatur durchführen. Für ein privates Auto mag ein Vertrag mit schlüsselfertiger Übergabe ja in Ordnung sein, aber dass dieses Format auch für riesige Anlagen wie Atomkraftwerke verwendet wird, hat mich erstaunt. Nach meinem und nach allgemeinem Verständnis sollte bei einem Technologietransfer aus dem Ausland gelten, dass die ausländischen Ingenieure und die eigenen Ingenieure das Werk zusammen bauen und auch gemeinsam den Pilotbetrieb

durchführen. Erst wenn das vernünftig funktioniert, sollte die formale Übergabe erfolgen. Aber so wurde das beim Vertrag zwischen TEPCO und GE offenbar nicht gehandhabt. Der von GE gefertigte Reaktor Nr. 1 wurde einfach so übernommen und betrieben. TEPCO hatte daher wohl kein vollständiges Verständnis von der Technologie im eigenen Hause. Ich glaube, dass diese schlüsselfertige Übergabe sich auch schädlich auf die Unfallbekämpfung ausgewirkt hat. Weiterhin war sie ein Grund dafür, dass TEPCO dem Untersuchungsausschuss nach dem Unfall bestimmte Prozessdokumente nicht offengelegt hat. Die Dokumente wurden mit Hinweis auf die geistigen Eigentumsrechte von GE geschwärzt bereitgestellt.

[14] Im Bericht des parlamentarischen Ausschusses zum Unfall heißt es, dass TEPCO zu dem Zeitpunkt gar nicht an einen vollständigen Rückzug gedacht, dass hier vielmehr ein Missverständnis des Premierministeramtes vorgelegen hätte. Dazu möchte ich mich hier wie folgt äußern:
Dass die Leute in der Anlage mit Werksleiter Yoshida an der Spitze entschlossen waren, bis zum letzten alles zu geben, glaube ich auch. In der TEPCO-Zentrale war zu dem Zeitpunkt allerdings in Gesprächen innerhalb des Topmanagements, an denen auch der Vorstandsvorsitzende Shimizu beteiligt war, der Plan gefasst worden, den größten Teil der Mitarbeiter von Fukushima Daiichi nach Fukushima Daini zu evakuieren. Das geht aus veröffentlichten Videokonferenzen von TEPCO hervor. Weiter hat Shimizu dann mehrmals den Wirtschaftsminister und den Kabinettssekretär angerufen, so dass beide Minister dies als Willensäußerung für den Rückzug aufgefasst haben. Beide Minister hatten also den Eindruck gewonnen, TEPCO wolle den Rückzug antreten; auf der Basis habe ich dann als Premierminister alles unternommen, das nicht zuzulassen.

[15] Über den Prozess des Aufbaus der gemeinsamen Notfallzentrale habe ich mich vor dem Unfalluntersuchungsausschuss des Parlaments wie folgt geäußert:
„Allgemein gesprochen ist es nicht normal, dass die Regierung direkt in die Zentrale eines Privatunternehmens einrückt – oder wie man es auch sonst bezeichnen mag – und irgendwelche Aktionen unternimmt. Wenn man jedoch das Atomunfallgesetz genau liest, dann hat der Leiter der Notfallzentrale das Recht, Unternehmen Anweisungen zu erteilen. Aber es stellt sich die Frage, ob man es so einfach macht, nur weil es im Atomunfallgesetz geschrieben steht. Es ist daher nicht so, dass ich gleich in der Frühphase daran gedacht habe. Als jedoch das Problem mit dem Rückzug auftrat, habe ich die gemeinsame Notfallzentrale mit dem Gedanken auf den Weg gebracht, dass die Entscheidungsprozesse von TEPCO und der Regierung vereinigt werden müssen, bzw. dass die Disharmonie schlimme Folgen haben würde. Wenn ich heute darüber nachdenke, hätte ich bereits schon früher so handeln sollen. Aber es entspricht den Tatsachen, dass zu dem Zeitpunkt das Rückzugsproblem der Anlass für den Aufbau der Notfallzentrale war."

[16] An dieser Stelle möchte ich mich zu dem Sachverhalt äußern, dass das Premierministeramt die Daten des SPEEDI-Netzwerkes nicht genutzt hat. Es entspricht den Tatsachen, dass die Daten an das Premierminister-

amt übermittelt wurden. Das heißt aber bloß, dass sie an irgendeiner Stelle im Gebäude oder in der Organisation des Amtes vorlagen. Bis zu mir sind die Daten nicht gelangt. Es entspricht nicht den Tatsachen, dass die Politiker des Premierministeramtes einschließlich meiner selbst die Daten zwar gesehen, aber nicht genutzt oder diese versteckt hätten. Es handelt sich hier um ein Problem der internen Informationsübermittlung innerhalb der Regierung. Das dafür letztendlich der Premierminister als höchster Entscheidungsträger verantwortlich ist, kann nicht geleugnet werden. Ich möchte hier lediglich zu Protokoll geben, dass wir, die Politiker des Premierministeramtes, nicht absichtlich die Informationen unterschlagen haben.

[17] Mit Katō pflegte ich Beziehungen, seit wir in der Koalitionsregierung von LDP, Sozialdemokraten und Sakigake-Partei unter Premierminister Murayama Tomiichi in der Programmplanung zusammengearbeitet hatten (ich war damals für die Programmplanung der Sakigake zuständig). Als während der Amtszeit von Premierminister Obuchi die Finanzkrise ausbrach, wurde entschieden, das nicht in die politische Auseinandersetzung zu tragen, d.h. Obuchi das nicht anzulasten, wenn die Vorschläge der DPJ „ohne wenn und aber" übernommen wurden. Auch damals fungierte Katō als Ansprechpartner bei der LDP. So waren die Verhältnisse, und weiter gehörte Tanigaki früher der Katō-Fraktion an, er stand Katō damit nahe. Katō nahm den Faden auf, wenn auch nicht für mich, dann für Japan.

[18] Minister Matsumoto musste schon bald danach im Zusammenhang mit Äußerungen im Katastrophengebiet zurücktreten, aber seit Ausbruch des Großen Erdbebens hatte er in hervorragender Weise seine Pflichten als Katastrophenschutzminister erfüllt. Im Krisenzentrum im Keller des Premierministeramtes war er praktisch ohne zu essen und zu schlafen im Dauereinsatz an vorderster Front. Minister Matsumoto hat auch immer wieder das Unglückgebiet besucht und sich bestens mit den lokalen Stimmungen vertraut gemacht.

[19] Zu seinen LDP-Zeiten war Yosano Leiter des Komitees für Fiskalreform und hat sich schon dort für eine Gesundung der Staatsfinanzen auf Basis einer Mehrwertsteuererhöhung eingesetzt. Später war er einer der Führer der Tachiagare Nippon Partei und dann parteilos. Mit der Kabinettsumbildung im Januar 2011 hatte ich ihn als Minister mit dem Aufgabenbereich integrierte Reform von sozialer Sicherung und Steuern ins Kabinett geholt. So wurde er als Parteiloser Mitglied der Koalitionsregierung von DPJ und der Neuen Volkspartei.

Naoto Kan

Geboren 1946 in Ube, Präfektur Yamaguchi

Studium der angewandten Physik an der Technischen Hochschule Tokio (Abschluss 1970)

Patentanwalt

1980
Wahl ins Unterhaus als Mitglied des Sozialdemokratischen Verbandes

1996
Gesundheitsminister im Kabinett Hashimoto
Mitbegründer der Demokratischen Partei Japans (DPJ) und gemeinsamer Vorsitz

2009
Staatsminister und stellvertretender Premierminister im Kabinett Hatoyama

2010
Finanzminister und Stellvertretender Premierminister (bis Juni) im Kabinett Hatoyama

4. Juni 2010 – 2. September 2011
Premierminister

14. Dezember 2014
Wiederwahl ins japanische Unterhaus als Mitglied der DPJ

Ausgangspunkt für die politische Karriere von Naoto Kan war sein Engagement in Bürgerbewegungen, zu denen er bis heute eine besondere Nähe bewahrt hat. Nach dem Tōhoku Erdbeben vom 11. März 2011 und dem sich anschließenden Atomunfall von Fukushima, die in seine Amtszeit als Premierminister fielen, hat er sich zu einem entschlossenen Gegner der Atomenergie gewandt. Seine politischen Aktivitäten stellt Naoto Kan heute ganz in den Dienst des Atomausstiegs und der Förderung von erneuerbaren Energien.

Frank Rövekamp

Professor für Japanische Wirtschaft und Politik und Leiter des Ostasieninstituts (OAI) der Hochschule Ludwigshafen. Über verschiedene berufliche Stationen hat er mehr als 15 Jahre in Japan und anderen asiatischen Ländern verbracht. In Forschung und Lehre setzt er sich mit den politischen und ökonomischen Systemen in Ostasien auseinander.